DISCIPULOS TRANSFORMADOS

© 2025 Publicaciones Esruel
Autor: Esau Villa

Índice

Dedicatoria

A Dios, primero que a todos. He luchado en mi discipulado y he fallado muchas veces; aun así, sigo avanzando hacia la perfección. El trabajo es constante. Hoy me preparo profesionalmente para poner mi don al servicio de la Iglesia de Cristo y continúo predicando la Palabra. Nada de esto es por mí: todo se lo debo a mi Señor. No hay en el mundo algo que no pueda agradecerle a Él.

Dedico estas páginas a los verdaderos discípulos de Cristo: a quienes, como yo, necesitan luchar por una transformación genuina y perseverante.

Agradezco infinitamente a mi Señor Jesucristo por la oportunidad de seguirle y por las pruebas que, una tras otra, me han hecho crecer, aunque sé que aún me falta mucho.

A mis maestros de la Iglesia de Cristo en Matamoros, Monterrey y Brownsville, que poco a poco y a su manera me han enseñado lo que un discípulo debe vivir en su transformación. Su ejemplo y enseñanza han sido faro y corrección en el camino.

A mi madre, Esther —que espera la manifestación del Señor en el seno de Abraham—, quien desde mi niñez me instruyó en la Palabra. No había regaño ni corrección que no fundamentara en la Biblia; me hacía memorizar versículos que señalaban con claridad en qué había fallado. Su disciplina y su amor quedaron grabados en mi corazón.

Quiero dedicarlo también a mis sobrinos Débora y Caleb, a quienes amo tanto y de quienes espero que su vida siempre esté apegada al servicio del Señor y de la Iglesia, y que encuentren la delicia en la Palabra de Dios, a Isaías, Natán y Tabita, a quienes amo y que ahora, al igual que mi madre, nos esperan en el descanso del Señor.

A mi esposa, Perla, por su apoyo constante. Ella ha sido mi fuerza y mi ayuda en mis caídas y aprendizajes, empujándome siempre a mejorar, aun cuando no la merezco ni a ella ni nada de lo que el Señor me ha dado.

Y a mi hijo por nacer, Elijah. Que también conozca el camino del Señor y descubra el hermoso y gran plan que Él ha preparado para su vida. Para esto estaremos su madre y yo, para guiarlo en el Camino, de modo que cuando él pueda decidir, busque ser discípulo del Señor Jesús.

Un discípulo que quiere seguir transformándose

INTRODUCCIÓN

Nuestro Señor Jesucristo fue muy claro al establecer el proceso para hacer discípulos. En Mateo 28:19-20 dejó una comisión que trasciende el tiempo: ir a todas las naciones, bautizarlas en el nombre de la Deidad, y enseñarles a obedecer todo lo que Él mandó. No se trata de un consejo opcional, sino de un mandato divino que define la misión de la iglesia.

El evangelista Marcos complementa esta instrucción al registrar que los discípulos debían ir por todo el mundo y anunciar el evangelio a todos (Marcos 16:15-16). Aquí vemos que la responsabilidad del mensajero es clara: anunciar con fidelidad. La decisión de creer, sin embargo, siempre recae en el oyente. El predicador no está llamado a forzar conversiones, sino a sembrar la Palabra, tal como Pablo lo explicó al afirmar que su misión era predicar sin depender de la elocuencia humana (1 Corintios 1:17).

Esto nos enseña que todo inicia con una decisión personal. El oyente, al escuchar el mensaje, debe responder con fe y obediencia. El punto de partida de esa respuesta es el bautismo, que marca el comienzo de un nuevo caminar con Cristo. Sin embargo, muchos piensan erróneamente que el bautismo es el fin de la salvación o que ni siquiera es necesario. Pero la Biblia muestra lo contrario: el bautismo es el inicio de una transformación que conduce a la vida nueva (Romanos 6:4).

En Hechos 2:5-11 vemos cómo este plan de Dios se cumplió de manera gloriosa. Allí estaban reunidas muchas naciones en Jerusalén durante la fiesta de Pentecostés, cumpliéndose lo que el Señor había mandado y también lo que Isaías había profetizado: que todas las naciones acudirían al monte de Jehová (Isaías 2:2-3). El Espíritu Santo capacitó a los apóstoles para hablar en lenguas distintas, de modo que cada nación pudiera entender el mensaje en su propio idioma. No era un fenómeno sin propósito, sino el medio para que la salvación fuera anunciada a todos. Más adelante, Pablo explicaría que la fe surge al escuchar la Palabra de Dios (Romanos 10:17).

Pero escuchar no era suficiente. Aquellos que se sintieron profundamente conmovidos al oír el mensaje preguntaron a Pedro qué debían hacer, y él, en obediencia a su Maestro, les respondió que debían arrepentirse y bautizarse para recibir perdón y el don del Espíritu Santo (Hechos 2:37-38). El bautismo, entonces, no era un símbolo vacío ni un rito de aceptación en una institución, sino el medio por el cual se obtenía la reconciliación con Dios y se iniciaba una nueva vida transformada, llegando incluso a ser templo del Espíritu (1 Corintios 3:16).

Pedro entendió perfectamente que el bautismo era parte del nuevo nacimiento del que habló Jesús: "nacer del agua y del Espíritu" para entrar en el reino (Juan 3:3-5). Por eso, quien es bautizado en Cristo resucita a una vida nueva, dejando atrás la vieja naturaleza y caminando bajo una nueva esperanza (Romanos 6:4). El bautismo, pues, es conversión, transformación y puerta de entrada al reino de Dios.

No obstante, ser discípulo de Cristo no termina con el bautismo, sino que allí apenas comienza un proceso continuo. Hechos 2:42 señala que aquellos tres mil que obedecieron perseveraban en la enseñanza de los apóstoles, en la comunión, en el partimiento del pan y en las oraciones. El Señor había mandado enseñar todas las cosas que Él dejó, y ese aprendizaje solo era posible permaneciendo en la instrucción apostólica.

La transformación del discípulo no ocurre de la noche a la mañana. Requiere constancia, estudio y obediencia, porque es la Palabra la que actúa en los corazones de los que creen (1 Tesalonicenses 2:13). Por eso el Señor no busca solamente creyentes superficiales. A los judíos que habían creído en Él, les dijo que debían permanecer en su enseñanza para ser verdaderamente sus discípulos (Juan 8:31). La fe no puede quedarse en un mero asentimiento intelectual, pues incluso los demonios creen y tiemblan (Santiago 2:19). Lo que se necesita es obedecer, transformarse y vivir de acuerdo con las enseñanzas de Cristo.

Así, el camino del discipulado queda marcado de manera clara: escuchar la Palabra, responder con fe y obediencia, comenzar con el bautismo, y perseverar en la enseñanza de Cristo hasta ser formados como verdaderos discípulos suyos.

Es allí donde comienza lo más exigente del discipulado. Perseverar no es asunto menor; se necesita valor, entereza y disposición diaria. El Señor dejó claro que, para seguirle, hay que negarse a uno mismo y cargar con la cruz; además, advirtió que habría aflicciones y oposición, pero aseguró que Él ya venció al mundo (Mateo 16:24; Marcos 8:34; Lucas 9:23; Juan 16:33). También anticipó el rechazo e incluso la violencia contra sus seguidores; nada de eso tomó por sorpresa a la iglesia primitiva ni debe sorprendernos hoy (Mateo 10:16-22; Mateo 24:9; Juan 15:18-20).

La perseverancia es un reto, pero no es imposible. El camino es estrecho y pocos lo encuentran, y aun el justo es salvado con dificultad; sin embargo, esto no debe ser un freno para seguir al Señor con fidelidad (Mateo 7:13-14; 1 Pedro 4:18). Ser discípulo significa anhelar estar llenos del conocimiento de la voluntad de Cristo, y eso no se logra de golpe: se cultiva con estudio constante, obediencia y fruto digno de ese conocimiento (Colosenses 1:9-10; 2 Timoteo 2:15).

Así como los profetas investigaron con diligencia lo que Dios revelaba, también nosotros recordamos que todo lo que fue escrito, lo fue para nuestro aprendizaje, para que por la paciencia mantengamos la esperanza (1 Pedro 1:10-12; Romanos 15:4). Esa paciencia será necesaria, porque las pruebas forman parte del camino y han de enfrentarse con gozo y firmeza, sabiendo lo que producen en el carácter del creyente (Santiago 1:2-4).

La verdadera transformación nace justamente de esa perseverancia: estudiar, comprender y practicar la Palabra hasta que moldee nuestro pensar y actuar. La conversión no es solo un inicio; es un proceso sostenido que evidencia amor real por Cristo, expresado en guardar sus mandamientos y permanecer en su enseñanza (Juan 14:15, 23; Juan 8:31).

Esto enlaza con lo que Pedro declaró a los compungidos de corazón: al obedecer el mandato del bautismo, el creyente recibe perdón y el don del Espíritu Santo; así, el Padre y el Hijo hacen morada en él por medio del Espíritu, y la vida nueva comienza en serio (Hechos 2:38; Juan 14:16-17, 26). No hablamos de una presencia simbólica: nuestro cuerpo llega a ser templo del Espíritu, y eso redefine lo que somos y cómo vivimos (1 Corintios 6:19-20).

Y aquí aparece una promesa antigua, vigente hoy: Dios pondría su Espíritu dentro de nosotros para capacitarnos a andar en sus estatutos y poner por obra sus mandamientos (Ezequiel 36:27). La obediencia, entonces, no brota de un esfuerzo meramente humano, sino de la obra del Espíritu en el corazón que decidió seguir a Cristo y no soltarse.

EL DISCIPULO SE TRANSFORMA POR EL ESTUDIO DE LA PALABRA DE DIOS

El Estudio de la Palabra transforma nuestra manera de pensar

La persona que ha decidido seguir a Jesús, ahora que ha sido bautizada, tiene la necesidad de presentarse delante de Él de la mejor manera posible. El apóstol Pablo, en tono de súplica, exhorta a que el discípulo lleve su vida como un sacrificio vivo (Romanos 12:1). Este sacrificio significa renunciar a todo aquello que no agrada a Dios; el discípulo no puede presentarse delante del Señor con una vida marcada por el pecado, sino que debe buscar la santidad. Esto implica aprender a dejar la tendencia a lo malo, lo cual solo se logra cuando comienza a renovar la mente y permite que el Espíritu transforme su interior.

Aquí comienza el proceso de cambio más profundo: la renovación del entendimiento. El discípulo debe modificar aquello que ha pensado y practicado durante toda su vida. La Escritura enseña que el viejo hombre debe ser destruido, y en su lugar debe ser revestido de una nueva naturaleza (Efesios 4:22-24; Colosenses 3:9-10). No se trata solo de ajustes superficiales, sino de un cambio total en la manera de vivir. El discípulo no puede quedarse con las viejas costumbres ni con pensamientos que estaban lejos de Cristo, porque esa manera de vivir lo mantenía sin esperanza y apartado de Dios (Efesios 2:12).

Por eso la Palabra presenta el bautismo como un nuevo comienzo, una esperanza de vida distinta. Al salir de las aguas, el discípulo pasa a ser una nueva criatura (2 Corintios 5:17), porque antes vivía en desorden, como en los tiempos de los jueces, cuando cada uno hacía lo que le parecía (Jueces 21:25). Pero en Cristo ya no puede seguir ese patrón; ahora debe crecer para salvación (1 Pedro 2:2), quitando todo estorbo que impida pensar y actuar como el Señor Jesús.

El apóstol Pablo lo entendió así. Reconoció que ya no vivía para sí mismo, sino que lo que hacía en la carne lo vivía en la fe del Hijo de Dios (Gálatas 2:20). Esa confesión muestra el nivel de entrega al que el discípulo debe aspirar: rendir sus decisiones, deseos y pensamientos para que Cristo sea quien gobierne su vida.

Para alcanzar esto es necesario cambiar muchas cosas en la mente. El pensamiento del discípulo debe ser completamente distinto al que tenía antes. La exhortación de Pablo en Romanos 12:2 lo recuerda: el discípulo no puede amoldarse al mundo, porque eso significaría regresar a las viejas cadenas. Aquí está una de las luchas más grandes del discípulo: no conformarse al mundo.

No conformarse implica dejar de imitar las corrientes que dominan a la sociedad. El mundo ofrece valores que parecen atractivos —éxito fácil, placer sin responsabilidad, fama pasajera—, pero todo esto es engañoso y temporal (1 Juan 2:15-17). El discípulo no puede medir su vida con el estándar de la cultura, sino con la voluntad de Dios. Esto exige disciplina, vigilancia constante y una clara decisión de rechazar lo que no conviene, aunque todos los demás lo acepten.

El peligro de conformarse es real. Muchos, por buscar encajar en el mundo, terminan diluyendo su fe, cediendo a pensamientos que no provienen de Cristo. Por eso Pablo advierte que el discípulo no debe dejarse moldear por el sistema de este siglo, sino transformarse por medio de la renovación de su mente, para reconocer lo que es bueno, agradable y perfecto delante de Dios (Romanos 12:2). Quien se deja guiar por las modas o la opinión pública pierde de vista la voz del Señor.

Al mismo tiempo, la Escritura enseña que el discípulo debe matar al viejo hombre (Efesios 4:22). Este lenguaje fuerte nos recuerda que no se puede negociar con la vieja naturaleza. El viejo hombre representa los pecados, hábitos y deseos antes de Cristo: orgullo, lujuria, ira, egoísmo, envidia, mentira. Esa naturaleza no se corrige ni se maquilla; debe ser desechada, crucificada, sepultada en las aguas del bautismo (Romanos 6:6).

Matar al viejo hombre es un acto de decisión diaria. Significa que cuando la tentación aparece, el discípulo debe rechazarla de raíz y no darle espacio. No se trata de suprimir con fuerza de voluntad, sino de entregar sus pensamientos al Espíritu, que lo fortalece para obedecer. Es como despojarse de una vestidura vieja y sucia, y ponerse un ropaje nuevo, limpio y santo.

Este proceso requiere varias cosas. Primero, reconocer con honestidad las áreas donde el discípulo sigue batallando; nadie mata lo que no admite que existe. Segundo, cortar con lo que alimenta esa vieja naturaleza: lugares, personas o hábitos que lo arrastran al pecado. Tercero, sustituir lo viejo por lo nuevo: donde antes había mentira, ahora debe haber verdad; donde había odio, ahora amor; donde había orgullo, ahora humildad (Colosenses 3:9-14). Cuarto, perseverar con paciencia. El cambio no es instantáneo, pero sí es seguro para quien permanece en la Palabra.

Esta transformación no es física, como pensaba Nicodemo cuando preguntó cómo volver a nacer; es espiritual: nacer del agua y del Espíritu (Juan 3:3-5). Se trata de entregar los pensamientos y la voluntad a Dios para recibir una mente renovada. De esta forma el discípulo puede reconocer cuán buena es la voluntad del Señor, porque lo que antes parecía imposible se convierte en una vida real de obediencia y santidad.

Pero este reto no se alcanza en un instante. Es un proceso continuo de crecimiento, donde el ser completo del discípulo —espíritu, alma y cuerpo— debe guardarse irreprensible hasta el día de Cristo (1 Tesalonicenses 5:23). Por eso la Escritura advierte con firmeza que se atienda lo que ya se ha aprendido, no sea que se descuide la salvación (Hebreos 2:1-3).

La Palabra exige que el discípulo tenga un entendimiento renovado, que no viva para sí mismo, sino para Aquel que murió y resucitó por él (2 Corintios 5:15). Aunque esté en el mundo, su mente ya no pertenece al mundo; ahora está entregada por completo al Señor. Y es precisamente el estudio constante de la Palabra de Dios lo que mantiene vivo ese proceso: ella alimenta, corrige, fortalece y guía, transformando la manera en que el discípulo piensa y capacitándolo para vivir conforme a Cristo.

El discípulo no solo debe entregar su mente al Señor; la Escritura enseña que, al venir a Cristo, ya no piensa con su propia lógica, porque recibe la mente del Señor (1 Corintios 2:16). Esto no es un simple cambio de ideas, sino un traslado completo de la manera de pensar. Aquí comienza una oportunidad gloriosa: la Palabra revela que, aunque los pensamientos del hombre son distintos a los de Dios y sus caminos no se parecen en nada (Isaías 55:8-9), ahora, por medio del Espíritu, el discípulo tiene acceso a una sabiduría que antes estaba oculta.

En el antiguo pacto, el pueblo apenas podía entender el plan divino a través de símbolos, ritos y profecías. Sabían que había promesas, pero no podían ver con claridad cómo se cumplirían. Por eso el Señor anunció, a través de Jeremías, un pacto nuevo: quitaría el corazón de piedra y daría uno de carne, escribiría su ley en la mente y la pondría en el corazón (Jeremías 31:31-33). Ezequiel repitió esa misma esperanza, al decir que Dios pondría su Espíritu en los hombres para que guardaran sus estatutos (Ezequiel 36:26-27). Esto antes era imposible: ¿cómo podría el hombre, con una mente tan distinta a la de Dios, llegar a conocerlo verdaderamente?

Aquí entra la grandeza del nuevo pacto. En tiempos antiguos se repetía la exhortación de no confiar en la prudencia humana, sino de apoyarse en el Señor con todo el corazón (Proverbios 3:5-6). Ahora, en Cristo, esa exhortación se cumple de una manera más perfecta, porque el discípulo tiene acceso al Espíritu Santo. Pablo mismo preguntaba: "¿quién entendió la mente del Señor?" (Romanos 11:34). La respuesta es que ahora, por el Espíritu, el discípulo participa de esa mente. Solo el Espíritu conoce las profundidades de Dios, y solo el Espíritu puede transmitir esas verdades a los que creen (1 Corintios 2:10-12).

Esto significa que el discípulo ya no vive bajo el dominio de su propio razonamiento. Antes, dependía de su lógica y de sus emociones; ahora, el Espíritu le da discernimiento. Donde antes había dudas y tinieblas, ahora hay claridad para conocer la voluntad de Dios. Donde antes había corazones endurecidos, ahora hay corazones sensibles y enseñables. Donde antes había rebeldía, ahora hay disposición de obedecer.

El nuevo pacto no se queda en promesas; se cumple en la práctica. El Espíritu escribe la ley en la mente del discípulo, gobierna sus pensamientos y alinea su vida con la mente de Cristo. Así, el discípulo deja de ser dominado por caprichos y pasiones, y comienza a vivir bajo el dominio del Señor, Esta es la razón por la que Pablo enseñó que el creyente debe despojarse del viejo hombre y vestirse del nuevo, renovado en la mente conforme a la justicia de Dios (Efesios 4:22-24; Colosenses 3:9-10).

Además, Pablo explicó que Cristo organizó su iglesia para este proceso de maduración. Estableció ministerios —apóstoles, profetas, evangelistas, pastores y maestros— para perfeccionar a la iglesia, edificar el cuerpo y equipar al discípulo en la obra del servicio (Efesios 4:11-12). La meta es que todos alcancen la unidad de la fe, el conocimiento pleno de nuestro Salvador Jesucristo y la madurez espiritual, creciendo a la medida de la plenitud de Cristo (Efesios 4:13).

Esto no significa que el discípulo deba ser idéntico a Cristo en su divinidad, como algunos interpretan. Tampoco es una meta inalcanzable que solo sirva para mantenerlo ocupado. La Escritura lo explica mejor: Cristo es la cabeza, y la iglesia es su cuerpo (Efesios 4:15-16; Colosenses 1:18). Por lo tanto, el cuerpo no puede estar desproporcionado respecto a la cabeza. El discípulo debe crecer a la medida de Cristo porque está unido a Él; si la cabeza está en lo alto, el cuerpo no puede permanecer inmaduro o infantil.

En otras palabras, la "medida de la estatura de Cristo" no es un ideal abstracto, sino un llamado práctico: vivir conforme a lo que Él enseñó, caminar de acuerdo con su Palabra, y reflejar en la vida diaria que su mente habita en el discípulo. Solo de esta manera la iglesia funciona como cuerpo vivo (pero más adelante hablaremos más a profundidad de esto), y cada discípulo encuentra su lugar en obediencia a la cabeza que es Cristo Jesús.

El discípulo, al recibir la mente de Cristo y aprender a vivir bajo el gobierno de su Señor, comprende que esta transformación no termina en un cambio de pensamientos aislados, sino que abre un horizonte mucho más amplio: la esperanza eterna. Esta esperanza no es un simple deseo, sino la consecuencia de tener su entendimiento renovado. Por eso, la obediencia del discípulo se convierte en el reflejo más puro de que su visión ha cambiado; ya no se limita a lo terrenal, porque sabe que sus prioridades han sido reordenadas.

Cuando el discípulo fija su mirada en lo eterno, lo terrenal pasa a segundo, tercer o cuarto plano. La verdadera transformación de su pensamiento se manifiesta en que ya no vive para lo pasajero, sino que se concentra en lo que no perece. De esta manera, empieza a comprender verdades que antes estaban ocultas. Un claro ejemplo está en el profeta Daniel.

En Daniel 12, el profeta recibe visiones sobre el tiempo del fin. Al ver lo revelado, él mismo confiesa que no logra entender del todo lo que significa (Daniel 12:8). Las palabras estaban selladas, reservadas para el tiempo señalado. Dios le muestra que habría un momento de tribulación, que sería quitado el sacrificio continuo y vendría la abominación desoladora (Daniel 12:11). Estos elementos generan preguntas legítimas: ¿cuándo sucederán estas cosas?, ¿qué implican? Daniel mismo preguntó al Señor y no recibió respuestas completas, sino la seguridad de que los detalles serían entendidos más adelante.

Pero lo realmente significativo ocurre cuando el ángel le asegura que "los entendidos entenderán" (Daniel 12:10). Aunque parece una expresión repetitiva, encierra un profundo mensaje espiritual: no todos comprenderán lo que Dios está revelando, pero aquellos que fijan su mirada en lo eterno, los que renuevan su entendimiento y buscan a Dios con un corazón sincero, alcanzarán una comprensión que desciende de lo alto. Daniel quedó con dudas, pero esa promesa anticipaba que, en Cristo, con el Espíritu Santo, los discípulos tendrían acceso a verdades que en ese momento estaban selladas.

Esto enseña al discípulo que la revelación divina no se limita al conocimiento humano. El que mira lo eterno y camina en obediencia recibe entendimiento del Omnisciente. La mente se abre a horizontes nuevos, a promesas y a palabras que no se pueden discernir sin la obra del Espíritu. Por eso, cuando el discípulo fija su mirada en lo celestial, empieza a comprender lo que antes era confuso o incompleto.

El contraste se hace evidente en Pilato. Cuando interrogó a Jesús, el Señor le explicó que había venido a dar testimonio de la verdad (Juan 18:37). Sin embargo, Pilato, atado a su mentalidad política y terrenal, preguntó qué era la verdad, pero no se interesó en buscar la respuesta. Su visión limitada no le permitió ver que tenía delante al Autor de la vida y a la Verdad misma (Juan 14:6). Aunque escribió en la cruz que Jesús murió por ser Rey de los judíos (Juan 19:19), su decisión de lavarse las manos mostró que no comprendía la magnitud de lo que sucedía. El discípulo, en cambio, aprende a no caer en ese error: su resurrección con Cristo lo lleva a mirar lo de arriba, donde está el Señor, porque entiende que de allí viene lo eterno (Colosenses 3:1-2).

La fe de los patriarcas confirma este principio. Abraham, Isaac y Jacob recibieron la promesa de Canaán, pero nunca disfrutaron la tierra como posesión plena. Aun así, no limitaron su esperanza a lo material; buscaban una patria mejor, una ciudad celestial cuyo arquitecto es Dios (Hebreos 11:13-16). El mundo no fue digno de ellos porque su mirada estaba puesta en lo eterno. De la misma manera, el discípulo que transforma su pensamiento mediante la Palabra demuestra que su vida ya no se limitará a lo terrenal, sino que se sostendrá en lo celestial.

Este entendimiento también cambia la manera de enfrentar los problemas dentro de la iglesia. Muchas veces, los conflictos parecen asuntos personales: que uno no saludó, que otro habló mal, que alguien se ofendió. Pero el discípulo comprende que la verdadera lucha no es contra carne ni sangre, sino contra potestades y fuerzas espirituales de maldad (Efesios 6:12). Así, en vez de caer en pleitos, reconoce la raíz espiritual del conflicto. El mismo Jesús lo mostró cuando reprendió a Pedro diciendo: "apártate de mí, Satanás" (Mateo 16:23). No porque considerara a Pedro un enemigo, sino porque entendía que el adversario estaba intentando desviar la vista del propósito eterno de la cruz.

Por eso el discípulo debe mantener fija su meta y examinar con claridad por qué sigue al Señor. No debe hacerlo por conveniencia, como muchos que buscaban a Jesús solo por el pan (Juan 6:26), ni por escuchar palabras suaves, sino porque desea la salvación eterna. Su motivación debe ser alcanzar la morada que Cristo prometió a los suyos (Juan 14:2-3). El discípulo entendido fija sus ojos en lo celestial y no aparta la vista, aunque el mundo esté en su contra. Vive con la meta clara: ser contado entre aquellos que entienden, que no se distraen con lo pasajero, y que permanecen firmes hasta recibir lo prometido.

Después de comprender que la esperanza del discípulo debe estar puesta en lo eterno y no en lo terrenal, surge una consecuencia inevitable: someter todo pensamiento y toda acción a la obediencia a Cristo. La transformación de la mente no se trata solo de cambiar lo que se piensa, sino de orientar toda la vida hacia la voluntad del Señor. El discípulo entiende que no basta con ser un creyente pasivo, como muchos que solo profesan fe en Jesús sin obedecerlo.

Un maestro de la Palabra lo expresó con claridad al señalar que muchos locales de reunión se han convertido en simples auditorios: el predicador habla, y el oyente solo participa escuchando. Pero el discipulado verdadero no se limita a oír; exige obedecer, exige actuar, exige vivir la Palabra. Por eso Pablo enseña que debemos llevar cautivo todo pensamiento a la obediencia de nuestro Señor (2 Corintios 10:5).

El discípulo debe sentarse a reflexionar si está dispuesto a terminar lo que ha comenzado. Jesús mismo enseñó que nadie que pone su mano en el arado y mira atrás es digno del reino (Lucas 9:62). Seguir al Señor no es un compromiso a medias, ni un entusiasmo pasajero; es un camino de obediencia constante hasta la muerte (Apocalipsis 2:10). La verdadera transformación no se manifiesta en palabras bonitas, sino en una sumisión completa a Cristo.

Cuando el Señor habló de las moradas celestiales y de la venida del Espíritu Santo, fue claro: amarle significa guardar sus mandamientos (Juan 14:15, 23). Por eso, el discípulo no puede declararse cristiano de nombre si no se somete a la enseñanza del Maestro. El título de "cristiano" fue dado a los discípulos en Antioquía (Hechos 11:26), es decir, a los que obedecían y vivían conforme a las instrucciones de Jesús. No basta llamarle Señor esperando entrar en la morada eterna; es necesario hacer la voluntad del Padre que está en la eternidad (Mateo 7:21).

La parábola de los talentos ilustra esta verdad con contundencia (Mateo 25:14-30). Jesús describe cómo un señor confió sus bienes a tres siervos. Dos de ellos obedecieron de manera activa: tomaron lo recibido y lo hicieron producir, multiplicando lo que habían recibido. Pero el tercero, aunque conocía a su señor y reconocía su carácter, decidió enterrar el talento en la tierra. Pensó que estaba siendo prudente, que evitaría pérdidas, pero en realidad estaba desobedeciendo. No entendió que la obediencia implicaba arriesgarse y actuar.

Lo más grave es que tampoco comprendió la profundidad de su desobediencia. Al devolver el talento íntegro pensó que estaba cumpliendo, pero en realidad había ocasionado pérdidas a su señor. El dinero pudo haber producido intereses, pudo haber sido puesto a trabajar; incluso la inflación misma le quitaba valor al talento guardado. Así, aunque aparentemente entregó lo mismo que recibió, su desobediencia significó una verdadera pérdida, porque no hizo con el talento lo que se esperaba de él. El Señor, al regresar, no vio en ese siervo fidelidad ni prudencia, sino negligencia.

El discípulo debe aprender de esto que no puede guardar en tierra la Palabra, los mandamientos ni los dones que el Señor le confía. Su transformación se demuestra en que arriesga en obediencia, confiando en que, aunque en lo terrenal parezca perder o ganar, en lo eterno siempre será contado como fiel. El Señor tiene en cuenta las obras de los suyos, porque una fe que no obedece está muerta (Santiago 2:26).

El discípulo transformado vive con esta convicción: no fue llamado para enterrar lo recibido, ni para vivir de forma pasiva, sino para producir lo que glorifique al Señor. Por eso busca renovar su manera de pensar cada día, se deja guiar por la mente de Cristo, fija sus ojos en lo eterno y somete cada área de su vida a la obediencia de su Maestro. Esta obediencia no es forzada, sino la expresión de un amor genuino que lo impulsa a caminar en fidelidad. La Palabra de Dios, al obrar en su interior, renueva su entendimiento y le da la fortaleza necesaria para permanecer firme.

De este modo, el estudio constante de la Escritura se convierte en el medio por el cual el discípulo experimenta la verdadera transformación: un cambio que no solo afecta lo que piensa, sino lo que hace, lo que anhela y lo que espera. Esa es la obra de la Palabra en el discípulo: capacitarlo para vivir con la mente de Cristo, sostener su mirada en lo eterno y guiarlo a someter todo a la obediencia del Señor. Sobre esta base firme descansa todo verdadero discipulado.

El Estudio de la Palabra transforma nuestro discernimiento

Al transformar su mente, el discípulo comienza a experimentar una nueva sensibilidad en el ámbito espiritual que antes no conocía. Su conversión no se limita al acto del bautismo, sino que lo conduce a un proceso continuo de renovación interior. Ahora ya no percibe las cosas como las veía en el pasado, pues su entendimiento ha sido regenerado para una vida nueva en Cristo Jesús (Juan 3:3-5). Este nuevo nacimiento le abre la puerta a una metamorfosis constante, donde la Palabra sigue obrando en su corazón, despertando un discernimiento que lo capacita para distinguir lo verdadero de lo falso (Hebreos 5:14).

Cuando el hombre está lejos del Señor, evalúa los mensajes y enseñanzas que escucha según su propio criterio humano, decidiendo creer o rechazar en base a lo que le parece correcto. Pero el discípulo de Cristo, al haber renovado su mente, ya no depende de su propia prudencia (Proverbios 3:5-6). Su fe ahora se sostiene en la mente del Señor (1 Corintios 2:16), y cada pensamiento debe ser llevado a la obediencia de Cristo (2 Corintios 10:5). Es allí donde el discernimiento espiritual se convierte en una herramienta vital.

El discípulo está llamado a distinguir entre lo que proviene del Espíritu Santo y lo que surge de espíritus de error (1 Juan 4:6); entre la Palabra de Dios y las tradiciones humanas (Mateo 15:9). Esto no es un don reservado para unos pocos, sino parte de la maduración espiritual que el Señor había anticipado desde la antigüedad, cuando anunció que los entendidos serían capaces de comprender (Daniel 12:10). Hoy esto se cumple en quienes han sensibilizado su mente y corazón al mensaje eterno de Cristo.

En este caminar, el discípulo es guiado en sus primeros pasos por predicadores, maestros y pastores, quienes tienen como propósito ayudarlo a crecer en la obra del ministerio (Efesios 4:11-12). Así como Jesús fue conducido al desierto después de su bautismo para enfrentar pruebas (Mateo 4:1-2), el discípulo también atraviesa momentos de lucha espiritual, donde aprende a resistir y a afirmar su fe. Pero la meta no es que permanezca inmaduro, sino que alcance la madurez espiritual, creciendo hasta llegar a la plenitud que se encuentra en Cristo (Efesios 4:13).

El apóstol Juan describe estas etapas de crecimiento espiritual en diferentes niveles: unos son comparados con hijos pequeños que apenas conocen al Padre, otros como jóvenes que han vencido al enemigo, y otros como padres que tienen un conocimiento profundo de Aquel que es desde el principio (1 Juan 2:12-14). En cada una de estas fases, el discernimiento cumple un papel crucial. Incluso en la etapa inicial, el discípulo debe aprender a buscar alimento espiritual puro (1 Pedro 2:2), sabiendo distinguir entre lo que edifica y lo que contamina. Si desde el inicio no logra reconocer esa diferencia, corre el riesgo de alimentarse con enseñanzas distorsionadas que limitarán su crecimiento.

Por eso es vital que el discípulo cuide de quién recibe instrucción. El Señor estableció maestros con la finalidad de formar a otros en su carácter (Efesios 4:11), y los apóstoles mismos exhortaban a seguir su ejemplo. Pablo decía a los corintios que imitaran su manera de vivir porque él a su vez imitaba a Cristo (1 Corintios 11:1). Esto no era desviar la atención hacia el hombre, sino seguir a líderes que reflejaban con su conducta y enseñanza al Señor Jesús. Es un error excusar una vida desordenada diciendo: "solo mires al Señor y no a mí". La Escritura muestra que los apóstoles ponían su ejemplo como modelo, porque la enseñanza debía ser visible en las actitudes del que instruía (Filipenses 3:17).

De esta manera, el discípulo aprende a identificar las falsas enseñanzas. Su fe ya no puede ser inconstante ni dejarse arrastrar por cualquier doctrina, como ocurre con quienes carecen de firmeza (Efesios 4:14). Debe construir su vida sobre un fundamento sólido (Mateo 7:24-25), entendiendo que su fe se edifica sobre lo enseñado por los apóstoles y profetas, y que Cristo es la piedra principal que sostiene todo el edificio (Efesios 2:20). Por eso el Señor elogió a la iglesia que supo poner a prueba a los que se hacían pasar por apóstoles, pero no lo eran (Apocalipsis 2:2).

El discípulo, entonces, fortalece su discernimiento para protegerse de las falsas doctrinas siguiendo principios claros:

1. **Confrontar toda enseñanza con la Palabra de Dios**, pidiendo siempre la base bíblica que respalde la doctrina, como hacían los de Berea al revisar cada día lo que oían (Hechos 17:11).
2. **Rechazar cualquier evangelio distinto**, recordando que si alguien anuncia un mensaje diferente al que Cristo reveló, está condenado (Gálatas 1:8-9).
3. **Probar los espíritus**, para verificar si lo que se enseña proviene de Dios (1 Juan 4:1).
4. **Medir todo con la enseñanza de Cristo**, porque quien no permanece en ella no tiene a Dios, y no se debe dar

lugar a quienes presentan doctrinas diferentes (2 Juan 9-10).

5. **Evitar filosofías y razonamientos humanos vacíos**, porque si no están fundamentados en Cristo pueden desviar al creyente (Colosenses 2:8).

6. **No dejarse arrastrar por fábulas o mensajes diseñados para agradar a los oyentes**, ya que muchos prefieren relatos atractivos antes que la verdad (2 Timoteo 4:3-4).

7. **Examinarlo todo y quedarse solo con lo que es bueno**, poniendo a prueba cada enseñanza para retener lo que edifica (1 Tesalonicenses 5:21).

Así, el discípulo que estudia la Palabra no solo fortalece su fe, sino que se protege de caer en trampas doctrinales. Reconoce que detrás de muchas falsas enseñanzas hay quienes, con astucia y manipulación, buscan apartar a los creyentes de Cristo (Efesios 4:14). El discernimiento espiritual, entonces, no es un lujo, sino una necesidad para permanecer firmes en la verdad del evangelio.

El discernimiento espiritual que protege al discípulo de las falsas doctrinas no se queda en un acto puntual; se afianza en la práctica diaria, ejercitando los sentidos espirituales por medio del conocimiento y la obediencia a la Palabra (Hebreos 5:14). El discípulo entiende que este entrenamiento no ocurre de la noche a la mañana: se desarrolla a medida que se sumerge en la Escritura y la aplica con constancia, verificando una y otra vez qué es lo que realmente agrada al Señor (Romanos 12:2).

Este crecimiento se ve con nitidez en la historia de Job. Era un hombre íntegro y respetuoso de Dios (Job 1:1), pero cuando fue probado con dolor extremo, sus palabras dejaron ver que todavía necesitaba madurar: maldijo el día de su nacimiento (Job 3:1), defendió su propia justicia y llegó a percibir como injusto que los impíos prosperaran (Job 21:7). Incluso expresó su deseo de presentarse ante Dios para exponer su caso, convencido de que obtendría la razón (Job 23:3-4). Entonces el Señor lo confrontó: no es sabio contender con el Todopoderoso ni justificarse a sí mismo delante de Él (Job 40:2,8); la perspectiva humana es limitada frente a la justicia divina (Job 40:9-14). Al final, Job reconoció que antes solo tenía referencias de Dios, pero que, a través de la prueba, su conocimiento se volvió más claro y profundo (Job 42:5-6). Esa es la huella del ejercicio espiritual: los sentidos se afinan, el corazón se vuelve más humilde y la visión de Dios se vuelve más nítida.

Para entender este proceso, la analogía del cuerpo ayuda mucho. Así como el entrenamiento físico aporta beneficios limitados, el entrenamiento en piedad produce fruto duradero (1 Timoteo 4:7-8). Al principio, el discípulo se siente como quien entra por primera vez a un gimnasio: necesita guía, correcciones y una rutina. Con el tiempo, si permanece constante, aprende a ejecutar bien los "ejercicios" espirituales: lectura atenta de la Escritura, meditación, oración, obediencia concreta, servicio y corrección fraterna. Ese hábito firme es el que robustece el discernimiento (Hebreos 5:14).

Además, la Escritura deja claro que el discípulo no debe permanecer siempre en lo elemental: está llamado a avanzar a la madurez (Hebreos 6:1-2). Y, llegado el tiempo, se espera que pueda enseñar a otros; de hecho, se reprocha cuando, por el tiempo transcurrido, "ya debería enseñar" y todavía necesita lo básico (Hebreos 5:12). Esta transición del aprender al enseñar no es un lujo: es parte del diseño del Señor para la vida de su pueblo.

Ahí encaja el modelo de Pablo y Timoteo. Pablo, como maestro, formó a Timoteo para que este, a su vez, formara a hombres fieles capaces de enseñar a otros (2 Timoteo 2:2). Pero eso no ocurrió en un ambiente cómodo. En Éfeso, Timoteo tuvo que permanecer para enfrentar enseñanzas diferentes y relatos especulativos que desviaban a la iglesia (1 Timoteo 1:3-4); soportó el desdén de algunos por su juventud (1 Timoteo 4:12); vio cómo ciertos grupos se alejaban de la sana fe, incluyendo prohibiciones y mandatos que Dios no había establecido (1 Timoteo 4:1-3); y lidió con discusiones vacías, envidias y afanes que brotaban del amor al dinero (1 Timoteo 6:3-10). En ese contexto, Pablo le insistió: ejercítate para la piedad; ¿cómo? Dedicándote a la lectura pública de la Escritura, a exhortar y a enseñar (1 Timoteo 4:13), cuidando tu vida y tu doctrina con atención constante (1 Timoteo 4:16), y progresando de tal modo que todos puedan notar tu avance (1 Timoteo 4:15). Ese es el "entrenamiento" que afianza el discernimiento en medio de la presión real.

Ejercitar los sentidos espirituales significa dejar de lado lo superficial y avanzar hacia una vida de verdadera madurez (Hebreos 6:1-2). El discípulo debe comprender que la etapa de aprendiz no es permanente; llegará el momento en que se espere de él la capacidad de enseñar y guiar a otros (Hebreos 5:12). Ese crecimiento no es automático ni repentino, sino fruto de una disciplina constante. Se cultiva mediante hábitos concretos: estudiar con diligencia la Palabra, obedecerla con fidelidad, perseverar aún en medio de las pruebas, y servir de manera activa en la comunidad de la fe.

Al ejercitarse de esta manera, el discípulo desarrolla una sensibilidad espiritual más aguda. Poco a poco aprende a reconocer la diferencia entre lo que fortalece su fe y lo que la debilita, entre lo que viene del Espíritu de Dios y lo que proviene de filosofías humanas o engaños sutiles (Colosenses 2:8; 1 Juan 4:1). Así como los sentidos físicos se afinan con la práctica —el oído se entrena para captar sonidos que antes pasaban desapercibidos, o el gusto distingue matices que antes parecían iguales—, los sentidos espirituales se van afinando para captar lo que agrada al Señor y lo que no.

En este proceso de maduración, el discípulo no solo crece para sí mismo, sino que se convierte en un canal de edificación para los demás. Alguien que ha ejercitado sus sentidos espirituales ya no se deja confundir fácilmente por falsas enseñanzas, ni tropieza en discusiones sin provecho, porque su mente ha sido moldeada por la Palabra y su carácter fortalecido por la perseverancia. Se convierte en un instrumento útil en manos de Dios, capaz de corregir con mansedumbre, exhortar con amor y guiar con firmeza.

De esta manera, ejercitar los sentidos espirituales no es un asunto opcional ni secundario. Es el medio por el cual el discípulo adquiere discernimiento verdadero, desarrolla un "olfato espiritual" que le permite distinguir lo recto de lo engañoso, y se dispone como una herramienta confiable para la edificación de la iglesia y para la gloria de Cristo (2 Timoteo 2:2; 1 Timoteo 4:13,15-16).

Al adquirir este discernimiento más agudo, el discípulo no solo se beneficia a sí mismo, sino que bendice también a los demás discípulos y hermanos que lo rodean. Uno de los aspectos más delicados dentro de la vida de la Iglesia es la corrección. No siempre estamos acostumbrados a recibirla; en muchas culturas, reconocer un error equivale a perder honor o a ser visto como débil. En lugar de aceptar una represión justa, solemos justificarnos, culpar a otros o buscar excusas, como si admitir una falta fuera algo vergonzoso. Sin embargo, Dios mismo confrontó a Job haciéndole ver que su actitud de defenderse a sí mismo lo llevaba a poner en entredicho la justicia divina (Job 40:8). Esa tendencia natural a excusar nuestras fallas debe quedar atrás en el discípulo de Cristo.

El discípulo entiende que, al negarse a sí mismo y discernir entre lo que está bien y no, ya no vive para proteger su orgullo, sino para crecer espiritualmente. Por eso recibe la corrección como parte del proceso de formación que el Señor usa para perfeccionarlo. La Escritura muestra que una advertencia sincera hecha con amor tiene más valor que las palabras halagadoras que no corrigen nada (Proverbios 27:5-6). Esa corrección, cuando nace de un corazón espiritual, no destruye, sino que edifica y encamina al hermano hacia el bien.

A menudo se repite que "la salvación es individual", y es verdad en cuanto a la responsabilidad personal delante de Dios (Filipenses 2:12). Pero algunos han torcido esa idea hasta creer que nadie debe interferir en su vida espiritual, ni siquiera para ayudarles a corregir un error evidente. Eso es un mal entendimiento, porque el mismo Señor enseñó que, si un hermano falla, la actitud correcta es acercarse con el propósito de restaurarlo, no de condenarlo (Mateo 18:15). La corrección es una muestra de amor, no de intromisión.

Por otro lado, también existe el peligro contrario: usar el error de un hermano para exhibirlo públicamente y hacerlo quedar mal. En lugar de restaurar, se busca humillar, y eso destruye la unidad del cuerpo de Cristo. El discípulo verdadero no procede así. Su discernimiento le enseña a identificar el error, pero también a aplicar la corrección con mansedumbre (Gálatas 6:1).

Eso significa acercarse con humildad, entendiendo que él mismo puede caer en la misma falta si no se guarda.

La mansedumbre se convierte, entonces, en una señal clara de madurez espiritual. El discípulo ya no corrige para imponer su razón, sino para edificar al hermano y ayudarlo a restaurarse. No busca ganar una discusión, sino ganar un alma para Cristo. Y al hacerlo, imita al Maestro, que corrigió con firmeza, pero siempre con el propósito de salvar y transformar.

La mansedumbre no solo se aplica hacia el hermano que falla; también exige que el discípulo se mire a sí mismo. Quien corrige debe recordar que él mismo puede caer, de modo que no presuma estar firme, sino que se mantenga vigilante (Gálatas 6:1; 1 Corintios 10:12). La lucha no es externa únicamente; habita en su propio interior. Por eso anhela ser librado de la fragilidad de esta carne y se empeña en sujetar su cuerpo y sus impulsos a la obediencia de la Palabra, para no terminar viviendo en aquello que reprende (Romanos 7:24; 1 Corintios 9:27).

En ese contexto, el discípulo necesita sabiduría que viene de lo alto: una sabiduría limpia, pacífica, tratable, imparcial y sincera, cualidades imprescindibles para corregir sin destruir (Santiago 3:17). La mansedumbre es vital, pero no basta; junto a ella hace falta proclamar la Palabra y aplicarla con equilibrio: convencer cuando hay error, confrontar cuando corresponde, animar cuando el ánimo decae, y hacerlo con paciencia y buena enseñanza (2 Timoteo 4:2). Así la iglesia se sostiene mutuamente, cargando los unos las cargas de los otros, impulsados por el amor de Cristo que nos mueve a actuar (Gálatas 6:2; 2 Corintios 5:14).

La situación de inmoralidad en Corinto muestra este equilibrio. Pablo instruyó a la iglesia a tratar el caso con firmeza buscando un fin específico: que, al ser confrontado, el pecador fuese llevado al arrepentimiento para que su espíritu fuese preservado (1 Corintios 5:1-5). Más tarde, cuando hubo señales de restauración, pidió que extendieran perdón y consuelo, para no quebrar al hermano con un exceso de tristeza, y que reafirmaran su amor (2 Corintios 2:6-8). Sin mansedumbre, Palabra y amor, la corrección se vuelve un arma que hiere; con ellos, se transforma en medicina que sana.

Esto demanda sentidos espirituales entrenados. El discípulo que corrige debe saber a quién está exhortando y cómo hacerlo: distinguir entre el que se resiste a trabajar, el que está desanimado y el que es débil, para aplicar a cada uno la medicina adecuada: amonestación, estímulo o apoyo, siempre con paciencia (1 Tesalonicenses 5:14). Para eso hace falta dominio de sí y buena palabra: una respuesta suave desactiva el enojo, mientras que la dureza solo enciende el conflicto (Proverbios 15:1). No se trata de pelear ni de exhibir al otro; se trata de ganarlo y de crecer juntos, lejos del error que florece cuando falta conocimiento de la Escritura (Oseas 4:6; Efesios 4:15; 2 Timoteo 2:24-25).

En suma, el discípulo que corrige con mansedumbre se examina primero, pide sabiduría de lo alto, se apoya en la Palabra, y actúa por amor. Así su discernimiento no solo identifica el error, sino que también restaura al hermano y edifica a la iglesia.

Aquí es donde el discernimiento espiritual se afirma al recibir luz. En medio de la confusión que el adversario siembra, el discípulo encuentra oportunidades de crecimiento: cada vez que la Palabra es expuesta, leída, aprendida y puesta en práctica, ilumina la mente y el corazón, señala el error propio o ajeno y traza la ruta de salida (Salmo 119:105; 2 Timoteo 3:16-17; Efesios 5:13). La Escritura no solo muestra lo que está mal; guía hacia la obediencia.

Esto recuerda cuando el Señor abrió el entendimiento de sus discípulos para comprender lo que estaba escrito acerca de Él (Lucas 24:45). De modo semejante, cuando el discípulo discierne la Palabra, Cristo le amplía el panorama y lo que antes era confuso se vuelve claro. Aunque el enemigo intente engañar con sutilezas, la luz del evangelio disipa las sombras y da firmeza interior (2 Corintios 4:4-6; 1 Pedro 5:8).

Durante su ministerio, el Señor declaró el alcance de la misión: las naciones serían alcanzadas y sus testigos irían hasta lo último de la tierra (Hechos 1:8). En Pentecostés, Pedro anunció que la promesa incluía a quienes estaban lejos, más allá de Israel (Hechos 2:39). Pero fue en la casa de Cornelio cuando su entendimiento se ensanchó de forma decisiva: comprendió que Dios no hace distinciones de origen y que la gracia alcanzaba también a los gentiles (Hechos 10:34-35). Aquello que Pedro ya conocía se volvió luz práctica: dejó el prejuicio y actuó conforme a lo que el Señor había revelado.

De la misma manera, cuando la Escritura ilumina sus pasos, el discípulo no solo corrige doctrinas; también quiebra hábitos, derriba orgullos y deshace ideas heredadas que no provienen de Dios. La iluminación del Padre abre los ojos del corazón para conocer su voluntad y vivir de manera digna, con sabiduría y fruto (Efesios 1:17-18; Colosenses 1:9-10). Donde había confusión, ahora hay claridad para decidir, hablar y servir.

Esa luz no llega por capacidad natural. Lo meramente humano no capta lo que procede del Espíritu de Dios; por eso el discípulo depende del Espíritu Santo, quien guía a la verdad, convence, corrige y fortalece para obedecer (1 Corintios 2:14; Juan 16:13). La Palabra, viva y penetrante, saca a la luz lo que estaba oculto, de manera que el discípulo aprenda a juzgar con rectitud y no por apariencias (Hebreos 4:12; Proverbios 6:23).

Cuando la Iglesia camina en la luz de la Palabra, el discernimiento se vuelve un ejercicio comunitario: se exhorta con mansedumbre, se corrige con amor, se sostiene la sana doctrina y se restaura a quienes tropiezan (Gálatas 6:1; Efesios 4:15). La luz no expone para humillar, sino para sanar. Por eso el discípulo procura permanecer en la luz y andar en ella, cultivando un testimonio que edifica y honra a Cristo (1 Juan 1:7).

Así, el discípulo que se somete al estudio diligente de la Escritura y a la guía del Espíritu aprende a discernir el error y a caminar en la verdad: recibe luz en medio del engaño, reconoce la voz del Pastor entre el ruido y ayuda a otros a ver lo que Dios ha declarado en su Palabra. Esta es la madurez que el Señor busca en los suyos: una fe que piensa con claridad, ama con pureza y obedece con firmeza, para gloria de Cristo y edificación de su Iglesia (Filipenses 1:9-10; 2 Tesalonicenses 2:15).

El Estudio de la Palabra transforma nuestra vida de fruto espiritual

La Palabra no solo informa; sostiene. En la vida del discípulo crea arraigo: lo fija cuando cambian las estaciones y le evita vivir a impulso de la emoción. Al nutrir su mente con la enseñanza divina y ponerla en práctica, encuentra dirección estable, no porque falten pruebas, sino porque bebe de una fuente que no se agota. Así aprende a decidir con sensatez, a conservar la paz cuando otros se inquietan y a avanzar sin extraviarse, pues la Escritura le da brújula para el camino y luz para cada paso (Salmo 1:1-3; Josué 1:8; Proverbios 6:23; Salmo 119:105). La dicha que promete Dios no es un destello ocasional: alcanza a quienes escuchan, perseveran y hacen de la Palabra un hábito diario (Apocalipsis 1:3; Santiago 1:25).

Para expresar el deleite que produce el mensaje divino, los profetas recurrieron a la imagen del "sabor dulce" al recibir la revelación: una manera de decir que comprender la verdad alegra el alma, aunque a veces esa misma verdad corrija con firmeza. Esa dulzura es teológica y pedagógica, no química. En la tradición judía, los rollos sagrados se escriben en pergamino preparado (klaf) a partir de la piel de especies permitidas por la ley, con tinta especial y bajo normas estrictas; el montaje final cose múltiples paneles de klaf y todo el proceso se realiza con intención ritual adecuada. Nada de esto implica recubrir los rollos con miel; la asociación con lo dulce proviene, por un lado, del lenguaje simbólico de textos como Ezequiel y Apocalipsis, y por otro, de una costumbre educativa antigua: poner miel sobre letras para que el niño asocie el estudio con dulzura. Esto ayuda a explicar por qué, para el discípulo, la Palabra "sabe bien" al corazón que la recibe y, al mismo tiempo, alumbra lo que debe cambiar (sobre el klaf y materiales, ver Chabad; My Jewish Learning; detalles de construcción; y sobre la imagen de "comer el rollo", Bible Odyssey; la costumbre pedagógica con miel, OU y recursos educativos).

De ese trato diario con las Escrituras nace una bendición sostenida: estabilidad interior, pasos con norte y una vida que madura con el tiempo. No es un camino sin tropiezos, pero sí un andar cada vez más firme; no es ausencia de presión, sino un carácter que permanece en lo aprendido y encuentra paz en medio del ruido (Salmo 119:165).

La Palabra no le ofrece al discípulo una calma artificial, sino una base sólida desde la cual caminar. Por eso, cuando cambian las circunstancias—trabajo, salud, economía, relaciones—él no vive a bandazos: vuelve a lo que ha aprendido y lo practica. Eso se nota en decisiones pequeñas y grandes; por ejemplo, al organizar su jornada, prioriza lo que Dios demanda antes que lo que el impulso grita. Ese "ancla" interior no elimina la lluvia ni el viento, pero evita que la casa se desplome, porque la construcción no está sobre emociones sino sobre obediencia (Salmo 1:1-3; Josué 1:8; Mateo 7:24-25). La estabilidad bíblica es así: práctica, concreta, verificable. Se ve en cómo administra el tiempo, en cómo responde a la presión, en la calma que conserva cuando otros se inquietan; se ve en la manera en que busca consejo, compara opciones a la luz de la Escritura y actúa con prudencia (Proverbios 6:23; Salmo 119:105).

Esa estabilidad nace de hábitos santos y dulces para él. El discípulo aprende a "respirar" la Palabra en ritmos diarios: lectura atenta, meditación que baja del entendimiento al corazón, oración que alinea la voluntad y obediencia inmediata a lo que ya comprendió. También cultiva ritmos semanales y comunitarios: congregarse, escuchar enseñanza, participar de la mesa, exhortar y ser exhortado. Cuando falla—porque sí falla— no se esconde: se arrepiente, pide ayuda y vuelve al camino. Con el tiempo, estos hábitos producen un efecto acumulativo: sabiduría para decidir, paz que no depende del clima y una constancia que otros reconocen como fruto de Dios (Apocalipsis 1:3; Santiago 1:25; Hebreos 10:24-25).

La estabilidad bíblica también enseña a atravesar temporadas. Hay etapas de abundancia, de sequedad, de espera larga. En la abundancia, el discípulo aprende a no enorgullecerse; en la sequedad, a no quejarse; en la espera, a no rendirse. En todas, la Palabra sirve de brújula y de lámpara: corrige autoengaños, desenmascara temores, ordena prioridades y recuerda promesas. En lugar de leer solo para "sentirse mejor", lee para "vivir mejor" y disfrutar del deleite de la Escritura, y eso significa corregir rumbos, perdonar de verdad, devolver lo que no es suyo, hablar cuando debe hablar y guardar silencio cuando conviene (Salmo 119:165; Filipenses 4:6-9; 1 Pedro 1:6-7).

Todo ese arraigo se hace visible en el carácter. El discípulo no estudia para acumular datos, sino para parecerse al Señor. La Escritura contrasta dos cosechas: cuando mandan los impulsos viejos, la conducta se distorsiona; cuando el Espíritu gobierna, brotan actitudes que todos reconocen como sanas—amor que se entrega, alegría que no depende del clima, serenidad en medio del ruido, paciencia en la espera, generosidad que no calcula, lealtad en los compromisos, mansedumbre que corrige sin herir y dominio de sí en la tentación (Gálatas 5:19-23; Lucas 6:45). Ese fruto no se pega desde fuera: crece desde dentro, como resultado del trato continuo con Dios.

Por eso el discípulo se "desviste" del pasado y "se pone" una forma nueva de vivir. No es una metáfora bonita: implica elecciones concretas. Sustituye la mentira por verdad incluso cuando decirla le complica; reemplaza el rencor por perdón aunque la herida siga fresca; cambia la impureza por limpieza de vida; trueca la soberbia por sencillez. Hace morir lo que lo aparta de Dios y lo reemplaza por hábitos que lo acercan: disciplina sus ojos, su oído, su lengua; vigila con qué alimenta su imaginación; ordena el uso del dinero; decide con quién se junta y a qué dedica sus fuerzas (Efesios 4:22-24; Colosenses 3:5-14; Romanos 8:13).

El carácter moldeado por el Espíritu se nutre de dos corrientes que nunca se contraponen: dejar que la Palabra habite en abundancia y permitir que el Espíritu lo llene y dirija (Colosenses 3:16; Efesios 5:18). La primera da forma, contenido y criterio; el segundo infunde poder, convicción y ternura. Juntas, ambas corrientes producen coherencia. Se nota en el uso de las palabras—menos quejas, menos chisme, más verdad dicha con gracia—, en la manera de trabajar—menos flojera, menos trampas, más diligencia y honestidad—, y en la forma de responder al conflicto—menos orgullo, menos venganza, más búsqueda de paz (Efesios 4:25-32; Colosenses 3:12-15).

Para crecer así, el discípulo aprende a evaluarse con la Palabra, no con su propia medida. Pregunta: ¿qué domina mis reacciones cuando me contradicen? ¿Qué hago con la envidia cuando aparece? ¿Por qué me enojo como me enojo? ¿Qué promesas de Dios estoy olvidando cuando cedo a la ansiedad? ¿Qué hábitos alimentan lo que digo combatir? Estas preguntas, hechas a la luz de la Escritura y con oración honesta, evitan el autoengaño y aceleran la madurez (Salmo 139:23-24; Romanos 12:2; Santiago 1:22-24).

También aprende a agradecer las victorias pequeñas. Un día responde con calma donde antes explotaba; otro día dice la verdad donde antes maquillaba; otro día cierra la puerta a una pantalla que antes lo arrastraba. Ese progreso quizá no sea espectacular, pero sí es real, y con el tiempo se suma hasta formar un testimonio reconocible. Allí el discípulo entiende que no se trata de perfeccionismo, sino de constancia: cuando falla, se corrige; cuando tropieza, se levanta; cuando duda, regresa a la Escritura para alinear el querer y el hacer (Colosenses 1:10; Filipenses 1:27; Santiago 1:4).

Finalmente, el carácter moldeado por el Espíritu se vuelve útil para otros. Un corazón estable y una vida coherente ofrecen sombra en medio del calor ajeno: escuchan sin condenar, exhortan sin humillar, animan sin superficialidad. No buscan protagonismo, buscan edificación. Por eso, aun cuando nadie aplaude, el discípulo persevera en lo correcto, confiando en que la raíz junto al río dará su fruto a su tiempo y que la estabilidad que Dios produce dentro terminará reflejándose fuera para la gloria de Cristo (Jeremías 17:7-8; Colosenses 3:17).

El carácter moldeado por el Espíritu no se queda en el interior; se vuelve útil para otros. Ahí el discípulo entiende que su propósito no es igual al del mundo: mientras muchos persiguen metas pasajeras, él ha sido llamado a dar fruto, y no cualquier fruto, sino uno que abunde. El Señor enseña que quien ya produce será limpiado para producir aún más, y que esa limpieza también ocurre por medio de su palabra, que purifica el corazón (Juan 15:2-3). Por eso el discípulo no se extraña cuando Dios lo corrige: comprende que esa poda amorosa no lo empobrece; lo prepara para una cosecha mayor.

Esa limpieza se manifiesta de diversas maneras. A veces llega por la instrucción bíblica que confronta, aclara y endereza; otras, por la disciplina del Señor que al inicio duele, pero termina forjando un carácter pacífico y justo en quienes se ejercitan en ella (2 Timoteo 3:16-17; Hebreos 12:10-11). El objetivo no es castigarlo, sino apartarlo de lo que estorba, separar la escoria y afinar lo que quedó tosco para que su vida sea más fecunda (Proverbios 25:4). De ese modo, el discípulo se deja tratar: admite lo que debe cambiar, renuncia a lo que contamina y adopta hábitos santos que favorecen el fruto (2 Corintios 7:1).

La limpieza también está orientada a la misión pública del llamado. Dios saca de la oscuridad para que se anuncien las virtudes de Cristo; por eso, al ser limpiado y santificado, el discípulo se convierte en un testigo creíble: su palabra tiene peso porque su vida la respalda (1 Pedro 2:9; Filipenses 1:11). El fruto, entonces, no se reduce a lo que ocurre "hacia adentro"; se expresa en cómo sirve, en cómo trata a los suyos, en cómo ejerce justicia y compasión en lo cotidiano: en el tono con que corrige a sus hijos, en la transparencia con que trabaja, en la generosidad con que comparte, en la fidelidad con que cumple lo prometido (Colosenses 3:12-15).

Los profetas ya lo habían señalado: el Señor pide que el pueblo se lave y se aparte del mal, que aprenda a hacer lo justo, que defienda al huérfano y ampare a la viuda. Esa purificación no es un ritual vacío; desemboca en actos concretos de rectitud y misericordia (Isaías 1:16-17). Más tarde, la enseñanza apostólica retoma el mismo principio: la fe auténtica se reconoce cuando cuida de los más frágiles y, a la vez, se guarda sin mancha del mundo. Eso también es fruto: compasión visible y pureza sostenida (Santiago 1:27; 2 Corintios 7:1).

Esta lógica de limpieza para mayor fruto atraviesa todas las áreas. En el hogar, el discípulo pide al Señor que quite la aspereza y cultiva la mansedumbre; en el trabajo, deja cualquier doblez y abraza la honestidad; en la congregación, renuncia a la competencia y busca edificar. Cada "sí" a la Palabra y cada "no" a lo que la contradice van despejando el terreno para que el fruto crezca. Así, la poda divina no solo ordena el interior, sino que multiplica el bien que otros reciben (Juan 15:2-3).

El proceso requiere cercanía con Dios y resistencia al mal. La Escritura llama a someterse al Señor, a resistir al adversario y a acercarse con un corazón purificado. El discípulo responde a ese llamado: se aproxima al Padre, limpia las manos de lo que contamina y busca un interior íntegro. Esa dinámica—acercarse, resistir, purificarse—mantiene el canal abierto para que la vida de Dios circule sin obstáculos y el fruto se confirme (Santiago 4:7-8; Salmo 51:10).

Con el tiempo, todo se vuelve más claro: el carácter que el Espíritu ha moldeado se convierte en bendición para otros, y la limpieza que Dios realiza prepara una cosecha más amplia. El discípulo entiende, entonces, que su propósito no es sobrevivir con un puñado de hojas, sino dar fruto que permanezca; que su santificación no es un fin privado, sino el medio por el cual Cristo se muestra útilmente al mundo a través de su vida. Por eso se consagra, se aparta para el Señor y se dispone como instrumento listo para toda buena obra (Juan 15:2-3; Tito 2:14; 2 Timoteo 2:21).

El fruto mayor se confirma cuando la vida del discípulo se desborda en obra abundante para el Señor. No se trata de hacer por costumbre ni de cumplir un calendario; es un servicio que nace de la limpieza y la formación interior que Dios ya ha venido haciendo. Por eso, cuando el discípulo trabaja, entiende que su labor no es vana: el Señor toma en cuenta cada acto de obediencia y cada servicio ofrecido en su nombre (1 Corintios 15:58; Hebreos 6:10). Ese convencimiento le da constancia: prepara con esmero, sirve aunque nadie aplauda, sostiene la carga cuando otros se cansan, sabiendo que el Dueño de la obra ve y recompensa a su tiempo.

Esta perspectiva exige enfoque. En los días de Nehemías intentaron distraerlo con invitaciones a "negociar" lejos de Jerusalén, justo cuando el muro avanzaba. Él respondió que no podía abandonar una tarea grande para entretenerse en asuntos secundarios, y mantuvo el pulso sin ceder, aunque insistieron una y otra vez (Nehemías 6:2-4). Cuando no funcionó, lanzaron una carta abierta para desacreditarlo, insinuando ambiciones personales. Nehemías no se dejó arrastrar por la guerra de versiones; elevó una oración breve pidiendo fortaleza para sus manos y siguió trabajando (Nehemías 6:5-9). Luego vino el golpe "piadoso": un supuesto profeta le aconsejó refugiarse en el templo por seguridad, una salida que parecía espiritual, pero lo empujaba a desobedecer. Nehemías discernió la trampa, rechazó el atajo y perseveró en su encargo (Nehemías 6:10-12). El resultado fue tangible: el muro quedó terminado en cincuenta y dos días y aun los adversarios reconocieron que allí había intervenido Dios (Nehemías 6:15-16). Así aprende el discípulo a custodiar su atención: no deja que lo urgente desplace lo importante ni que la presión de voces externas lo aparte de lo que el Señor le confió.

La obra pertenece al Señor; el discípulo solo administra lo que le fue confiado. Esa administración es seria porque el Señor deposita tesoros en vasos frágiles para que quede claro que el poder y el brillo son de Él, no del siervo (2 Corintios 4:7). Desde ahí, el discípulo asume su lugar como mayordomo: custodia el depósito del evangelio, gestiona con responsabilidad los dones que recibió y procura que en sus manos el mensaje avance y no se estanque (1 Corintios 4:1-2; 1 Pedro 4:10). La enseñanza del Maestro sobre los talentos añade dos convicciones: cada uno recibe de acuerdo con la capacidad que Dios mismo conoce, y llegará el momento de rendir cuentas; por tanto, lo entregado no se guarda bajo tierra, se pone a producir (Mateo 25:14-19).

Esa fidelidad se expresa en decisiones concretas. El discípulo administra tiempo, fuerzas y recursos con propósito: ordena su agenda para priorizar la voluntad de Dios, evita dispersarse en tareas sin fruto y establece prácticas que sostienen la obra—lectura y meditación en la Palabra, oración que dirige, trabajo diligente, servicio constante—sabiendo que la gracia no cancela el esfuerzo, lo energiza (Colosenses 1:28-29; Romanos 12:11). También discierne su lugar en el cuerpo: sirve según la medida que recibió para edificación común, sin compararse ni competir, porque el fruto del Reino crece cuando cada miembro aporta lo suyo (Romanos 12:4-8; 1 Corintios 12:4-7).

Ser mayordomo implica cuidar tanto la cantidad como la calidad de lo que se hace. El discípulo busca resultados abundantes, pero también obra que resista el examen del Señor: evita la improvisación descuidada, cuida la integridad en lo económico, la veracidad en lo que enseña y el trato justo con las personas (1 Corintios 3:10-15; 2 Corintios 8:21; Efesios 4:15). Cuando necesita multiplicar el alcance, aprende a delegar en personas fieles para que la verdad siga corriendo sin diluirse (2 Timoteo 2:2). Y cuando enfrenta límites personales, coopera: la mayordomía no es una carga solitaria, es un trabajo de cuerpo.

En lo cotidiano, todo se resume en intención y excelencia: trabaja "de corazón, como para el Señor", no para agradar a los hombres; rinde cuentas con humildad, recibe corrección, ajusta procesos y persevera cuando no ve resultados inmediatos, sabiendo que la herencia y el reconocimiento final vienen de Dios (Colosenses 3:23-24; Gálatas 6:9). Así, el fruto espiritual deja de ser un deseo abstracto y se vuelve trabajo que edifica, sirve y sostiene, ofrecido por un mayordomo que entiende que lo recibido se multiplica, no se entierra.

La Escritura insiste en que este trabajo sea abundante: perseverante, generoso y sostenido. No basta con "hacer algo" de vez en cuando; el discípulo se mantiene en su puesto de obediencia, multiplicando lo que recibió y negándose a retroceder cuando el terreno se pone difícil (1 Corintios 15:58). Sabe que el Reino avanza con paso constante: siembra hoy, riega mañana, y confía en que la cosecha llega "a su tiempo" si no desmaya (Gálatas 6:9). Esa constancia tiene ritmo y propósito: organiza sus días para priorizar lo que edifica, establece hábitos que no dependen del ánimo del momento, y aprende a comenzar de nuevo cuando un día salió mal (Hebreos 10:36; Eclesiastés 11:6).

La abundancia también se expresa en amplitud y profundidad. Amplitud, porque el discípulo sirve donde Dios abre puertas— en casa, trabajo, comunidad e iglesia—sin encerrarse en una sola tarea (1 Corintios 16:9; Colosenses 4:17). Profundidad, porque cuida la calidad de lo que hace: prepara, revisa, se deja corregir, y procura que su obra resista el examen del Señor, no solo el aplauso de la gente (1 Corintios 3:12-15; Filipenses 2:14-16). La gracia no lo vuelve pasivo; lo capacita para "abundar en toda buena obra" con un corazón dispuesto y manos diligentes (2 Corintios 9:8).

Cuando el cansancio aparece—y aparece—el discípulo recuerda que la siembra constante, aun en días grises, prepara un fruto que el Señor valora (Gálatas 6:9; Salmo 126:5-6). No confunde agotamiento con fidelidad: aprende a descansar en Dios para evitar el activismo vacío, pero nunca usa el descanso como excusa para abandonar la tarea. Reabastece su interior con Palabra y oración, se apoya en la comunión de los hermanos, y vuelve al trabajo con fuerzas renovadas (Marcos 6:31; Hebreos 10:24-25). Si el temor a fallar intenta paralizarlo, vuelve a la confianza: al que mucho se le dio, mucho se le pide; pero el mismo Señor que demanda fruto es quien forma, equipa y abre camino (Lucas 12:48; 1 Corintios 16:9).

Todo esto guarda coherencia con la limpieza previa: el Padre poda para que haya más fruto, y la Palabra purifica para que la obra no se contamine con ambición, orgullo o prisa por resultados rápidos (Juan 15:2-3). Por eso el discípulo sirve sin buscar su propia gloria, rinde cuentas con humildad y administra con temor reverente lo que le fue puesto en las manos, procurando ser "instrumento útil" y preparado para toda buena obra (2 Timoteo 2:21). La abundancia se nota en lo visible y en lo silencioso: familias fortalecidas, iglesias edificadas, necesitados atendidos, nuevos creyentes afirmados en la fe, equipos que crecen y se multiplican, y un testimonio que hace creíble el mensaje (Mateo 5:16; 1 Pedro 4:10-11).

Así, el fruto mayor se confirma precisamente en la obra abundante: trabajo fiel, constante y útil, ofrecido al Señor que no olvida lo hecho por amor a su nombre (Hebreos 6:10). No es brillo humano; es perseverancia sostenida por la gracia, manos que no sueltan el arado y un corazón que, pase lo que pase, se mantiene donde Dios lo puso hasta ver la cosecha.

El Estudio de la Palabra transforma a la Iglesia como cuerpo de Cristo

El discípulo transformado, aun cuando ya da fruto, sigue perfeccionándose. No permite que nada detenga ese proceso. Antes vivía centrado en sí mismo—pensaba para sí, actuaba para sí—porque estaba lejos del Señor. Pero al venir a los pies del Maestro, la Palabra lo saca del eje del "yo" y lo coloca dentro de un "nosotros" santo: ya no es un creyente aislado, sino un miembro vivo de un cuerpo donde Cristo es la cabeza (Efesios 4:15-16; Romanos 12:4-5).

Ese cambio interior crea una nueva cultura en su corazón: pasa de la competencia a la cooperación, del consumo espiritual al servicio, de las preferencias personales a la edificación común. La Palabra le enseña que cada miembro posee un lugar y una función; nadie lo es todo, pero todos son necesarios. El Espíritu distribuye dones para provecho de todos, de modo que lo que uno recibe no se guarda, sino que se comparte (1 Corintios 12:4-7; 1 Pedro 4:10-11). Así, el discípulo aprende a servir según la medida que se le confió, sin compararse ni despreciar el aporte de otros (Romanos 12:6-8).

Cuando la Palabra habita de forma amplia en la congregación, esa vida de cuerpo se vuelve visible: se enseña con fidelidad, se aconseja con sabiduría, se ora en unidad, se canta la verdad, y todo apunta a que Cristo sea formado en los suyos (Colosenses 3:16; Hechos 2:42-47). La edificación no queda en teorías: la Palabra corrige el tono con que se habla, anima a consolar al cansado, y mueve a cargar las cargas del que tropieza (Efesios

4:29; 1 Tesalonicenses 5:11; Gálatas 6:2). Por eso el discípulo cultiva hábitos que sostienen la comunión: se congrega con intención, provoca al amor y a las buenas obras, y rehúye el aislamiento que enfría la fe (Hebreos 10:24-25).

El estudio bíblico también preserva la unidad frente a las tensiones inevitables. La Palabra enseña a pensar con humildad, a mirar primero el bien del otro, a resolver diferencias sin alimentar bandos, y a restaurar al que falla con espíritu manso (Filipenses 2:3-4; Mateo 18:15; Gálatas 6:1). Allí el discípulo descubre que la santidad no es solo evitar el mal, sino amar de manera práctica: escuchar antes de responder, escoger palabras que sanan, y buscar acuerdos que honren al Señor (Santiago 1:19; Proverbios 15:1; Efesios 4:3).

Además, la Palabra equipa a la iglesia para su misión. La doctrina sana forma convicciones firmes; la exhortación convierte convicciones en decisiones; y la enseñanza práctica vuelve esas decisiones en hábitos que perduran (2 Timoteo 3:16-17). Así, el cuerpo crece "por lo que cada parte aporta": el que enseña, enseña; el que anima, anima; el que administra, administra; el que muestra misericordia, lo hace con alegría. No hay piezas decorativas: todas las articulaciones sostienen y todas las manos trabajan (Efesios 4:16; Romanos 12:7-8).

La Palabra también da una arquitectura espiritual a la comunidad. Sobre el fundamento de los apóstoles y profetas, con Cristo como piedra principal, la iglesia se edifica como un templo santo donde Dios habita (Efesios 2:20-22; 1 Pedro 2:5). Por eso, el discípulo cuida la calidad de lo que construye: evita materiales ligeros—opiniones, modas, prisa—y opta por lo que resiste el examen del Señor: verdad, integridad, amor, sacrificio

(1 Corintios 3:10-15; Efesios 4:15). Sabe que la obra de Dios no solo se mide por el tamaño, sino por la solidez.

En lo cotidiano, el efecto de la Palabra se nota en señales sencillas y poderosas: familias fortalecidas, jóvenes discipulados con propósito, viudas y huérfanos atendidos, finanzas tratadas con claridad, conflictos resueltos sin escándalo, líderes que rinden cuentas y equipos que se multiplican (Santiago 1:27; 2 Corintios 8:21; Hechos 6:1-7). Son frutos de una iglesia que piensa bíblicamente, siente compasión y actúa con prudencia.

Así, el discípulo que se deja formar por la Palabra no solo crece él; fortalece al cuerpo entero. La doctrina sana lo arraiga, la comunión lo protege, el servicio lo orienta y la misión lo impulsa. Y, mientras Cristo gobierna como cabeza, la iglesia madura en unidad de fe y en conocimiento del Hijo, hasta alcanzar una medida de plenitud que solo la Palabra, obrando por el Espíritu, puede producir (Efesios 4:13).

La unidad que el discípulo aprende por medio de la Palabra no nace solo de estudiar conceptos; responde al deseo ardiente del Señor Jesús. En la antesala de la cruz, el Maestro pidió al Padre que sus seguidores fueran apartados para Él por medio de la verdad y que, en esa verdad, vivieran una unidad real que incluyera a todos los que creerían por el testimonio apostólico (Juan 17:17, 20-23). No es una unión por conveniencia, sino una comunión "en" el Padre y el Hijo: una vida compartida que se alimenta del mismo mensaje y del mismo Espíritu.

Esa unidad tiene un propósito que va más allá de "estar juntos": apunta a la misión. Cuando el cuerpo camina unificado en la verdad y en el amor, el mundo percibe que Jesús fue enviado por el Padre y que el amor del Padre habita en sus discípulos (Juan 17:21-23). Por eso, el discipulado maduro no busca uniformidad artificial, sino sintonía con Cristo: corazones afinados a la misma nota, convicciones arraigadas en la misma enseñanza y prácticas que hacen visible la vida de Dios en medio de su pueblo (Juan 13:34-35; Hechos 2:42).

La Palabra muestra, además, la fuente de esta unidad: la gloria que Cristo comparte con los suyos, es decir, su vida comunicada por el Espíritu para que el cuerpo funcione como un todo y no como piezas sueltas (Juan 17:22; Efesios 4:15-16). De ahí que el discípulo, lejos del eje del "yo", asume con naturalidad el "nosotros santo": ora con la iglesia, sirve con la iglesia, discierne con la iglesia y celebra con la iglesia. Su identidad personal se afirma, no se disuelve; pero ahora se entiende como miembro vivo que aporta al crecimiento común (Romanos 12:4-5; 1 Corintios 12:4-7).

En la práctica, esta unidad se cultiva con ritmos que la Palabra enseña: adorar centrados en Cristo, abrir la Escritura hasta que moldee la mente, compartir la mesa y los recursos con sencillez, y perseverar en la oración que mantiene al cuerpo en dependencia del Señor (Hechos 2:42-47; Colosenses 3:16). No se trata de programas sofisticados, sino de constancia en lo esencial. Con el tiempo, esa constancia produce un ambiente reconocible: cuidado mutuo que no abandona, generosidad que no hace ruido, y un testimonio que no se sostiene en estrategias, sino en la verdad vivida (Juan 17:23; Mateo 5:16).

Así, la unidad por la que Jesús oró deja de ser un eslogan y se vuelve paisaje: la verdad santifica, el amor cohesiona y el cuerpo crece "por lo que cada parte aporta". El discípulo, formado por la Palabra, se consagra a ese deseo del Señor: que su iglesia sea unida en la verdad para que el mundo vea con claridad al Cristo enviado por el Padre (Juan 17:17, 21-23; Efesios 4:16).

Ahora, este deseo de unidad no surge solo porque resulte conveniente a la Iglesia, sino porque describe quién es el Señor: Jesús habla del Padre y de Él como uno solo, y desde esa comunión brota todo lo que Dios hace. Con esa luz se entiende mejor el principio bíblico: cuando el relato de la creación presenta al ser humano, usa la palabra hebrea "adam" (אָדָם). "Adam" no es únicamente un nombre propio; también nombra a la humanidad como conjunto. De la misma raíz aparece "adamá" (אדמה), "tierra", que recuerda de dónde procede el ser humano y a qué realidad pertenece, y también matices como "adom" (אָדוֹם, rojizo) y "admoní" (אַדְמֹנִי, sonrosado), que conservan la idea de color de la tierra. Todo ese campo de palabras apunta en una dirección: el ser humano no se entiende aislado, sino en relación con Dios, con la tierra (adamá) y con su prójimo.

Cuando el texto afirma que Dios crea "varón y hembra", está declarando que ese "adam" incluye a ambos dentro de una misma identidad: humanidad en unidad. De ahí la expresión "una sola carne", "basar ejad" (בשר אחד). "Ejad" no confunde a dos personas en una masa indistinta; habla de unidad verdadera, integración de diferencias en un proyecto común. Por eso, al proveer una "ayuda idónea", el hebreo no describe una asistente secundaria, sino una "ezer kenegdó" (עזר כנגדו): ayuda que corresponde, que está "frente a él", complementaria y a la par. Dios no "hace otro ser" ajeno al primero; presenta a la mujer como alguien distinto y, al mismo tiempo, de la misma sustancia humana. Diferencia sin ruptura; unidad sin anulación.

Este diseño inicial no es un detalle poético, sino una clave teológica: Dios forma unidad a partir de la comunión. Dos personas pueden caminar enlazadas por propósito, fidelidad y amor sin perder identidad. Más adelante, la relación entre Cristo y la Iglesia retoma ese lenguaje del matrimonio: pertenencia mutua, cuidado sacrificial y proyecto compartido. La Iglesia no es un agregado de individuos devotos, sino un cuerpo vivo unido a su Cabeza.

Aplicado al discipulado, esta raíz bíblica descoloca el eje del "yo". El discípulo no aprende unidad solo porque lo leyó; la aprende porque descubre que el Dios al que sirve es unidad en su ser y en su obrar. Por eso, la conversión lo mueve de la autosuficiencia a la comunión: de "mi fe, mis planes, mi camino" a "nuestra fe, nuestro servicio, el camino del Señor en medio de su pueblo". Y así como "adam" abarca a la humanidad completa, el llamado del Señor reúne a un pueblo completo: diferencias de dones y trayectorias, sí; fracturas y banderías, no.

Para no repetir lo ya trabajado, basta recordar el trazo esencial: el Señor pide que sus discípulos sean apartados por la verdad y vivan una unidad que haga creíble el mensaje ante el mundo. Esa unidad no nace de acuerdos superficiales, sino de compartir la misma vida y enseñanza del Maestro. Aquí, "ejad" vuelve a ser guía: el objetivo no es borrar la diversidad, sino integrarla alrededor de Cristo, de modo que el cuerpo funcione como uno.

La imagen de "ezer kenegdó" añade un detalle práctico para la vida comunitaria: la unidad cristiana no se construye con silencios, sino con presencia frente a frente, complementariedad que escucha y corrige, colaboración que no compite. Unida a "basar ejad", esa complementariedad se traduce en lazos de pacto: miembros distintos que se saben pertenecientes, responsables unos de otros y enfocados en un mismo Señor.

Así, el lenguaje hebreo —adam, adamá, adom, admoní, ezer kenegdó, basar ejad— no es adorno técnico: pone en palabras que la unidad no es un anexo del plan, es el plan desde el principio. Y el discípulo, al estudiarlo, no solo entiende la idea; la encarna: unido a Cristo, unido a su cuerpo, distinto pero integrado, parte de un "nosotros" que el Señor quiso desde la creación y que hoy sostiene el testimonio de la Iglesia.

La unidad que el Señor pide no es sentimental ni de conveniencia; está anclada en la Palabra. La Escritura convoca a pensar y sentir en la misma dirección, cultivando una misma mente y un mismo parecer para cerrar la puerta a las rupturas que desgastan el cuerpo (1 Corintios 1:10; Filipenses 2:2). Cuando se toleran bandos y rivalidades, incluso las reuniones más sagradas se desfiguran: en vez de recordar con reverencia el sacrificio del Señor y edificar a la iglesia, se normaliza el egoísmo y se diluye la comunión (1 Corintios 11:17-22, 27-29; 1 Corintios 10:16-17). Por eso la unidad no es un adorno: es condición para que el culto y la vida congregacional honren de verdad a Cristo (Hebreos 10:24-25).

Esta unidad tiene un eje doctrinal claro. No descansa en afinidades humanas, sino en verdades compartidas que no se negocian: un solo cuerpo y un solo Espíritu; un solo Señor, una sola fe y un solo bautismo; un solo Dios y nuestro Padre (Efesios 4:4-6). El discipulado madura cuando ese núcleo está nítido— quién es Jesús, qué ha hecho por nosotros, cómo incorpora a las personas a su pueblo y cómo vive ese pueblo—y se protege de cualquier "evangelio" alterno, por atractivo que parezca (Judas 1:3; Gálatas 1:6-9). Si alguna propuesta reúne, pero no pasa la prueba de la enseñanza de Cristo, esa unión no es bíblica; es un acuerdo humano que más tarde producirá tropiezo (2 Juan 1:9-11; Romanos 16:17).

La Palabra opera como criterio común en la asamblea. Cuando el discípulo se reúne, no busca imponerse, sino someter pensamiento y práctica al mismo estándar: lo que se enseña, lo que se canta, lo que se ora y lo que se comparte debe edificar de forma ordenada y comprensible para todos (Colosenses 3:16; 1 Corintios 14:26, 33, 40). El acuerdo visible no nace de callar diferencias, sino de probar lo que se expone a la luz de las Escrituras y retener lo que es sano para todos (Hechos 17:11; 1 Tesalonicenses 5:21). Así, la unidad se vuelve reconocible: una comunidad que habla el mismo evangelio, se sujeta a las mismas enseñanzas y camina bajo la misma autoridad de Cristo (Filipenses 1:27).

En ese marco, el discípulo cuida especialmente dos frentes. Primero, vigila el lenguaje y las actitudes que erosionan la unidad: murmuraciones, rivalidades, preferencias personales elevadas a dogma, o la costumbre de polarizar con palabras que encienden más que construyen (Santiago 3:14-18; Efesios 4:29-32). Segundo, promueve prácticas que la sostienen: orar con el mismo sentir, cantar verdades que todos confesamos, instruir con claridad y participar de la mesa del Señor reconociendo al cuerpo, de manera que nadie quede desatendido ni se rompa la comunión por descuido o parcialidad (Hechos 2:42; 1 Corintios 11:28-33).

La meta no es uniformidad estéril, sino sintonía real en torno a la Palabra: diversos dones y funciones que trabajan hacia el mismo fin, sin competir ni duplicar esfuerzos, sino aportando según la medida que cada uno recibió (Efesios 4:11-13, 15-16; 1 Pedro 4:10-11). Por eso la exhortación apostólica insiste en mantenerse del mismo lado, con un mismo ánimo y una misma voz, para que el testimonio no se fracture y el mensaje no pierda credibilidad por nuestras disputas (Romanos 15:5-6; 1 Pedro 3:8).

En la práctica de cada reunión esto se traduce en decisiones concretas: priorizar la enseñanza sana por encima de novedades, evitar contiendas sobre palabras que no aprovechan, y resolver desacuerdos volviendo al texto bíblico como punto de referencia, no a preferencias personales (1 Timoteo 1:3-4; Tito 3:9; 2 Timoteo 2:14-15). Cuando la Palabra ocupa el centro, la iglesia respira el mismo aire: un solo Señor confesado, una sola fe anunciada, un solo bautismo compartido, y un solo Dios y Padre reconocido sobre todos (Efesios 4:4-6). Así la unidad se sostiene no por emoción del momento, sino por convicciones que permanecen.

Es aquí donde el discípulo debe poner a trabajar su comprensión de la unidad. No le corresponde erigirse como juez para romperla con sentencias del tipo: "no te juntes con aquel hermano" o "ellos no son la iglesia del Señor", cuando comparten la misma fe, la misma enseñanza y las mismas luchas. La Escritura advierte contra el espíritu partidista que levanta bandos y levanta barreras donde Cristo no las levantó (1 Corintios 1:12-13; 3:3-7). Nadie tiene derecho a desmembrar lo que Dios unió; ese principio que rige el matrimonio sirve también como analogía de la relación entre Cristo y su pueblo: lo que Dios ha unido, el hombre no tiene autorización para separarlo (Mateo 19:6; Efesios 5:31-32).

Cuando una congregación tropieza, la respuesta bíblica no es apresurarse a decretar su exclusión, sino llamar al arrepentimiento y a la fidelidad a la doctrina de Cristo. En el Apocalipsis, el único que puede quitar el candelero de una iglesia es el Señor mismo, y lo hace si ésta se niega a volver a la obediencia (Apocalipsis 2:5). Él es quien conoce las obras, quien corrige y quien afirma lo que está por morir (Apocalipsis 2:2-3; 3:2). Al discípulo le toca trabajar por la unidad, no por la fragmentación; mantener la paz que ya fue dada por el Espíritu, no inventar nuevas murallas (Efesios 4:3).

Cada iglesia enfrenta batallas concretas. Algunas, como Éfeso, necesitan recobrar su amor inicial; otras, como Pérgamo, resisten "donde está el trono de Satanás" y a la vez deben rechazar enseñanzas torcidas; otras, como Tiatira, toleran a quienes seducen y desvían; y hay lugares donde persisten prácticas atribuidas a los nicolaítas (Apocalipsis 2:4-6, 13-15, 20-24). Aun así, el Señor reconoce a "algunos" que permanecen limpios y los llama a perseverar (Apocalipsis 3:4). Este detalle importa: el juicio final sobre una congregación no lo dictan nuestras impresiones ni nuestros sentimientos; lo emite Cristo. Por eso el discípulo evita pronunciar veredictos que rompan el cuerpo y, en cambio, se dedica a fortalecer lo que es firme, exhortar a corregir lo que está errado y animar a seguir en la verdad.

El celo por la pureza no autoriza a crear facciones. La Biblia manda "recibirse" mutuamente en Cristo y no despreciarse por diferencias secundarias, recordando que cada siervo rinde cuentas a su propio Señor (Romanos 14:4; 15:7). También enseña a no impedir el servicio fiel solo porque no lleva nuestra firma: si glorifica a Cristo y no niega su enseñanza, no debe ser estorbado (Marcos 9:38-40). Separar precipitadamente, morder y devorar, solo termina por consumirnos unos a otros (Gálatas 5:15). En cambio, la unidad doctrinal auténtica se cuida con dos movimientos simultáneos: aferrarse a la enseñanza de Cristo y, a la vez, esforzarse por caminar juntos, con un mismo ánimo y una misma voz (2 Juan 1:9-11; Romanos 15:5-6).

Esto no significa tolerar el error persistente. Cuando la doctrina de Cristo se abandona de forma clara y obstinada, la Escritura ordena apartarse para no participar en obras de oscuridad (Romanos 16:17; 2 Tesalonicenses 3:14). Pero esa es una conclusión seria que se toma a la luz de la Palabra, tras amonestación y prueba, no por antipatías o lealtades de grupo. Mientras tanto, el llamado ordinario del discípulo es a unir y a unirnos: trabajar por reconciliar, restaurar, alinear la vida congregacional con la verdad, y sostener la comunión en torno al evangelio (Filipenses 1:27; 2:2).

En la práctica, esto pide humildad y prudencia. El discípulo recuerda que no es dueño de la iglesia, sino miembro del cuerpo; que su criterio no sustituye la autoridad de Cristo; y que el camino bíblico ante los problemas pasa por examinarlo todo según la Escritura, corregir con mansedumbre y no suplantar al Señor en aquello que solo Él decide (1 Tesalonicenses 5:21; Gálatas 6:1). Así honra la unidad que Dios estableció por su Palabra: una unidad que no se sostiene en lealtad a hombres o etiquetas, sino en la fe común, en el mismo Señor, y en la obediencia compartida que hace creíble el testimonio ante el mundo (Efesios 4:4-6; Juan 17:21).

El Señor trabajó, luchó y se entregó por su iglesia; por eso llama al discípulo a esforzarse por una unidad sincera, no para contender, sino para permanecer juntos hasta "llenar de gozo" a quienes sirven al evangelio, como pedía el apóstol a sus hermanos (Filipenses 2:2). Esa unidad se concreta en gestos diarios: considerar al otro con estima, mirar también por lo que beneficia a los demás y no solo por lo propio (Filipenses 2:3-4). Cuando un miembro atraviesa dolor, toda la congregación acompaña; cuando uno es honrado, todos se alegran, porque el cuerpo comparte sufrimientos y alegrías como una sola realidad

(Romanos 12:15; 1 Corintios 12:26). Nadie desprecia su propia carne; del mismo modo, el discípulo cuida al hermano que está a su lado como algo propio, pues ambos luchan por permanecer en el mismo Señor (Efesios 5:29).

La Escritura enseña que dos avanzan mejor que uno: si uno cae, el otro lo levanta; si uno desfallece, el otro le da calor; y una cuerda con más hilos resiste el tirón (Eclesiastés 4:9-12). Así se entiende la fortaleza de una iglesia unida: no se trata de la fuerza de individuos aislados, sino de un cuerpo bien articulado, donde cada parte aporta lo que recibió para el bien común (Efesios 4:16). Allí el ánimo se reparte, las cargas se comparten y la fe se robustece con la constancia de muchos, no con el esfuerzo solitario de unos pocos (Gálatas 6:2).

Esta unidad no es desorden; es concordia con estructura. La iglesia crece "ajustada y enlazada" cuando cada articulación cumple su función, y el resultado es edificación en amor, no confusión (Efesios 4:16; Colosenses 2:5). Por eso se cuidan la conducta y las palabras: se evita la murmuración que incendia, se destierra la amargura que corroe, y se prefiere el hablar que edifica y da gracia al que oye (Santiago 3:14-18; Efesios 4:29-32). Un cuerpo que se gobierna por la paz de Cristo y por la palabra que habita en abundancia mantiene el paso y el tono, como un coro afinado que canta con una sola voz (Colosenses 3:15-16; Romanos 15:5-6).

Para sostener esta comunión, el discípulo practica hábitos concretos: soportar con paciencia, perdonar de corazón, abrir su casa al hermano, buscar la paz y restaurar con suavidad al que tropieza (Colosenses 3:13; Hebreos 13:1-2; Mateo 5:9; Gálatas 6:1). Nada de esto es accesorio; es la forma en que la unidad se hace visible y comprobable. Allí pierde terreno el chisme, se cierran las puertas a la división y se neutraliza al que siembra contiendas, porque todo es examinado a la luz de la Palabra y encauzado hacia la edificación (Romanos 16:17; 1 Tesalonicenses 5:21).

Cuando una congregación vive así—con estima mutua, cargas compartidas, orden y paz—se vuelve difícil que el adversario halle fisuras. Un cuerpo unido, bien estructurado y ordenado, no se derriba con golpes menores: mantiene su lugar, persevera en el encargo y refleja la gloria del Señor al que pertenece (Filipenses 1:27; 1 Corintios 14:40). Y el discípulo comprende que su lucha por la unidad no es una tarea más, sino parte esencial de su obediencia: permanecer junto a sus hermanos, fortalecer sus manos, sumar su voz y su servicio, para que el mundo perciba en esa comunión la marca del Dios que los llamó (Juan 17:21).

El Estudio de la Palabra transforma nuestra comunión con Dios

La transformación del cristiano tiene un propósito más alto que la superación personal: recuperar la comunión para la cual el ser humano fue diseñado. Al comienzo, el hombre vivía ante Dios sin distancia ni desconfianza: había trato directo, instrucciones claras y paz en el jardín; trabajar la tierra, custodiarla y someter lo creado formaba parte de un orden bueno que el Creador había declarado adecuado (Génesis 1–2). La cercanía no era ocasional, era el ambiente mismo de la vida.

Esa armonía se quebró cuando el corazón humano eligió atender a una voz distinta a la de Dios. La desobediencia abrió paso a la vergüenza y al ocultamiento; el lugar de encuentro se perdió y comenzó la expulsión, el suelo se volvió difícil y el rostro de Dios dejó de percibirse con naturalidad (Génesis 3:7–24). Desde entonces, la Escritura describe una condición común: las faltas levantan un muro entre el hombre y su Creador; todos quedaron sin derecho a su gloria y lejos de su presencia (Isaías 59:2; Romanos 3:23). La mente se oscurece, el entendimiento se embota y la conciencia pierde sensibilidad; se camina sin norte, llamando bueno a lo que no lo es, y liviano a lo que pesa en el juicio de Dios (Efesios 4:17–19; Proverbios 14:12).

Para muchos, esa lejanía se volvió además identidad: vivir "sin Dios y sin esperanza en el mundo", como quien no pertenece al pueblo de la promesa ni participa de sus pactos (Efesios 2:12). La imagen es la de una ruta a oscuras: pasos que tropiezan, decisiones guiadas por impulsos o por voces cambiantes, incapacidad para permanecer en el bien que se reconoce como tal (Jeremías 17:9; Romanos 7:18–19). En ese estado, incluso los actos religiosos pueden volverse ruido cuando el corazón está lejos; los labios pronuncian el nombre de Dios, pero la vida marcha en dirección contraria (Isaías 29:13; Miqueas 6:6–8).

El ser humano, lejos de Dios, terminó entregando su interior a deseos vergonzosos y a pasiones desordenadas. La Escritura muestra cómo, por la desobediencia de uno, la corrupción entró y se propagó: muy pronto aparecen los celos homicidas, la venganza y la violencia como marca de la cultura que nace fuera del jardín (Génesis 4:3-8, 23-24). No es un desliz ocasional; es un pulso profundo del corazón caído. A partir de allí, la maldad se multiplica hasta que la tierra se describe como saturada de violencia y de pensamientos torcidos de continuo (Génesis 6:5, 11-12).

Un Dios santo no puede tener comunión con aquello que se obstina en lo impuro. Su santidad no tolera el mal ni lo mira con indiferencia; por eso la distancia entre el Creador y la criatura se hizo evidente (Habacuc 1:13). La historia bíblica exhibe ese deterioro: después de la caída, los vínculos se rompen, la sangre inocente clama desde el suelo, y el orgullo humano edifica proyectos que buscan fama sin referencia al Altísimo (Génesis 4:10; 11:1-9). La vida, desconectada de Dios, gira sobre sí misma y se vuelve incapaz de amar lo que Él ama.

En esa búsqueda de guía sin el Dios verdadero, el ser humano fabricó sus propios dioses. La idolatría se volvió el lenguaje común de los pueblos: imágenes que no oyen ni ven ocuparon el lugar del Señor, y con ellas llegaron prácticas abominables.

La Escritura denuncia sacrificios de niños ofrecidos a los ídolos y ritos que profanan lo más sagrado de la vida (Levítico 18:21; 2 Reyes 21:6; Salmo 106:36-38). Cuando se adora lo creado, lo humano se deshumaniza: se justifica la guerra por los dioses, se oprime al débil y se consagra el propio apetito como ley (Romanos 1:25; Jeremías 7:5-6; Habacuc 1:11).

Ese extravío también se expresó en el área sexual: en lugar de honrar el diseño del Creador, se normalizó lo impuro y se celebró lo que corrompe el cuerpo y el alma. El apóstol describe ese descenso: cuando se apaga la verdad, se desordena el deseo, se pierden los afectos más básicos y se aplaude lo que destruye (Romanos 1:24-27, 31-32; Gálatas 5:19-21). No es solo conducta externa; es una raíz interna que empuja hacia la autocomplacencia y convierte al prójimo en objeto.

La ceguera alcanza incluso la esfera religiosa. Hay labios que pronuncian el nombre de Dios mientras el corazón marcha en otra dirección; ritos sin justicia, cultos sin misericordia, manos levantadas que no se ensucian para defender al vulnerable (Isaías 1:11-17; Miqueas 6:6-8). La vida se llena de rezos, pero vacía de verdad. Allí no hay comunión; hay apariencia.

El diagnóstico se resume con crudeza: muertos en delitos y pecados, siguiendo la corriente del mundo y obedeciendo impulsos que dominan desde dentro (Efesios 2:1-3). Cada quien hace lo que le parece, como en los días de los jueces, y la sociedad alterna la anarquía con el ídolo del poder (Jueces 21:25). El resultado es un mundo podrido en sus pecados: homicidios, violencia estructural, engaño, falta de afecto auténtico, explotación y soberbia que llama "libertad" a lo que esclaviza (Romanos 1:28-32; Proverbios 14:12).

Así queda claro por qué la comunión se perdió: no fue un accidente menor, sino una quiebra moral y espiritual que volvió incompatible la presencia del Dios santo con la vida de un corazón entregado al desorden. Sin intervención divina, el hombre no encuentra el camino de regreso; sin luz de lo alto, continúa a tientas, cambiando la gloria del Creador por la sombra de sus propios ídolos (Romanos 1:21-23).

Dios no dejó al ser humano sin una voz que lo llamara de vuelta. Aun después de la caída, habló y siguió hablando: entregó instrucción, marcó sendas de vida y advirtió sobre caminos de muerte (Deuteronomio 30:14–19). Su ley se describió como limpia, fiable y capaz de enderezar al sencillo, de alegrar el corazón y de dar luz a los ojos (Salmo 19:7–11). Por eso, quien se acerca a la Escritura no busca datos fríos, sino el sonido del Dios que se revela: allí aprende quién es el Creador, cómo es su carácter y qué forma de vida permite caminar cerca de Él (Salmo 119:9–11, 105). Al mismo tiempo, esa Palabra desenmascara lo que se esconde en el interior: corrige la auto justificación, derriba ídolos y señala la vereda recta cuando el paso se tuerce (Hebreos 4:12; Proverbios 6:23).

En el antiguo pacto, ese llamado llegó una y otra vez mediante los profetas. Dios levantó voces para recordar la alianza, denunciar la injusticia y convocar al pueblo a volver con corazón íntegro: Isaías y su llamado a buscar al Señor mientras puede ser hallado (Isaías 55:6–7); Jeremías, que urgía a abandonar cisternas rotas y a beber del manantial verdadero (Jeremías 2:13; 6:16); Oseas, que retrató la fidelidad divina frente a la infidelidad humana (Oseas 2:19–20; 6:1–3); Amós y Miqueas, que exigieron justicia, misericordia y humildad como señales de retorno real (Amós 5:21–24; Miqueas 6:6–8). Cuando el pueblo se endurecía, Dios insistía; cuando se arrepentía, enviaba renovación. Reformas como las de Josías mostraron cómo la lectura pública del "libro de la ley" podía desgarrar corazones y alinear prácticas con la voluntad divina (2 Reyes 22–23). Y tras el exilio, la escena en que Esdras y los levitas leyeron y explicaron la Escritura a la congregación marcó otra vez el camino: escuchar, entender, llorar por el pecado y comprometerse a obedecer (Nehemías 8–9).

Si la comunión se perdió por desoír la voz divina, el primer gesto de regreso en la historia de Israel fue volver a escucharla: atesorar la enseñanza, meditar en ella día y noche, y ponerla por obra (Josué 1:8; Salmo 1:2–3). La Torá se llevó en el corazón y en la memoria para no desviarse (Deuteronomio 6:6–9). Así, la Palabra se convirtió en mesa cotidiana donde el hombre recuperaba sensibilidad, encontraba dirección y preparaba el ánimo para una cercanía con Dios que no dependiera de temporadas, sino de obediencia sostenida (Santiago 1:22–25). En ese marco, el ministerio profético, la lectura pública, la corrección y la exhortación fueron las formas concretas con que Dios, bajo el antiguo pacto, siguió tendiendo la mano a un pueblo propenso a olvidarlo, llamándolo una y otra vez a caminar a la luz de su voz.

Ahora bien, aunque Dios levantó profetas y los envió de continuo, la restauración no fue inmediata. El problema seguía por dentro: manos manchadas, conciencia cargada, un corazón habituado al mal. Isaías lo denunció con claridad: aun con gestos religiosos, la sangre en las manos impedía el trato cercano con el Santo (Isaías 1:15). No bastaban ritos aislados ni emociones pasajeras; hacía falta un trabajo más hondo que detuviera la fuente de la impureza.

Por eso, los mismos profetas no solo llamaron a volverse al Señor, sino que anunciaron una limpieza real. Isaías habló de purgar la inmundicia del pueblo y de quitar la escoria como quien refina metal; incluso recurrió a la imagen del "jabón" que remueve suciedad resistente (Isaías 4:4; 1:25; 1:16). Jeremías, además de urgir al retorno, anunció perdón y aseo profundo: Dios limpiaría la culpa y escribiría su instrucción por dentro, de modo que la obediencia no dependiera solo de presión externa (Jeremías 31:31–34; 33:8).

Ezequiel detalló ese cuadro: "aguas" que rociarían para quitar lo inmundo, un corazón nuevo en lugar del de piedra y un espíritu puesto dentro para andar en los estatutos del Señor (Ezequiel 36:25–27). Daniel, en su oración por la ciudad, recibió un horizonte profético con metas que superan cualquier reforma humana: poner fin a la rebelión, cerrar la cuenta del pecado, cubrir la maldad y traer justicia duradera (Daniel 9:24). Hageo recordó que lo impuro se contagia con facilidad y que, sin santificación de fondo, ni siquiera la reconstrucción del templo resolvería el problema; al mismo tiempo anunció la llegada de lo "deseado" por las naciones (Hageo 2:11–14, 7).

Malaquías presentó al Señor como fundidor que refina y como lavandero que blanquea, para que la adoración no permanezca defectuosa (Malaquías 3:2–3). Zacarías mostró al sumo sacerdote revestido de ropa limpia en lugar de vestiduras sucias y habló de una fuente abierta "para el pecado y la impureza", un manantial permanente para lo que el corazón no puede resolver solo (Zacarías 3:1–5; 13:1). A ese coro se suma la antigua súplica por una purificación verdadera—"purifícame con hisopo, y quedaré limpio"—que no confía en fuerzas humanas, sino en intervención divina (Salmo 51; cf. Levítico 16; Números 19).

Así, dentro del antiguo pacto, Dios no solo llamó; prometió una purificación eficaz. Los profetas prepararon el oído del pueblo para entender que el regreso a la comunión requería algo más que palabras de arrepentimiento: hacía falta limpieza real, capaz de quebrar la cadena del pecado y habilitar un caminar nuevo delante de Él.

Con todo ese trasfondo profético a la vista, las promesas de purificación y reconciliación llegan a su culmen en el Verbo hecho carne. La necesidad no era pequeña ni parcial; era total. Al hombre le convenía —y le urgía— un mediador santo, capaz de representar a la humanidad ante Dios y de abrir de nuevo el acceso que el pecado cerró. La Escritura describe a ese mediador como un Sumo Sacerdote idóneo: sin mancha, compasivo, cercano en la prueba y, a la vez, eficaz en su ministerio (Hebreos 4:15–16; 7:26–27). No se requería un ciclo interminable de ritos que solo cubrieran la culpa por un tiempo, sino una acción única con valor permanente, "de una vez para siempre", que tratara la raíz del problema y no solo sus síntomas (Hebreos 9:11–14; 10:10–14).

Por eso, en la plenitud del tiempo, Dios se acercó de forma inaudita: el Hijo asumió nuestra condición sin participar del pecado, se hizo obediente hasta lo más alto de la entrega y tomó el lugar del culpable sin deberlo (Gálatas 4:4; Filipenses 2:6–8; 2 Corintios 5:21). Así, el mundo pudo contemplar la gloria de Dios no como un destello lejano, sino en una vida concreta: el Hijo revelando al Padre, trayendo gracia y verdad, dando a conocer el corazón divino que busca restaurar lo que se había perdido (Juan 1:14,18; Lucas 19:10).

Su sacerdocio no imitó el de los antiguos ministros que entraban cada año con sangre ajena; Él entró con la suya, obteniendo redención válida y duradera (Hebreos 9:12–14). Su muerte no fue un accidente trágico, sino una ofrenda consciente: "esta es mi sangre del pacto" —dice el lenguaje de los evangelios—, señalando que con su entrega se inauguraba la alianza nueva anunciada por los profetas, aquella en la que el perdón sería real y la ley quedaría escrita por dentro (Mateo 26:28; Lucas 22:20; Jeremías 31:31–34; Hebreos 8:6–13). Allí se unieron las imágenes antiguas: el hisopo que purifica, el fuego que refina, el lavador que blanquea, el manantial abierto; todas confluyen en una obra que limpia la conciencia y habilita un servicio vivo, no solo un rito externo (Salmo 51:7; Malaquías 3:2–3; Zacarías 13:1; Hebreos 9:14).

La cruz mostró, además, el alcance de esa reconciliación. El Hijo cargó con lo que nos condenaba, llevó el peso de nuestra transgresión y soportó el quebranto que nos correspondía, cumpliendo el perfil del Siervo que justifica a muchos (Isaías 53:4–6,12; 1 Pedro 2:24–25). Por su sangre hay remisión —porque sin derramamiento de sangre no la hay—, y por esa misma sangre los que estaban lejos son acercados (Hebreos 9:22; Efesios 2:13). El velo que simbolizaba distancia quedó rasgado, y con ello se abrió un camino nuevo y vivo para entrar con confianza en la presencia de Dios (Mateo 27:51; Hebreos 10:19–22).

La eficacia de su obra se mide también por sus frutos. No solo quita culpa; establece paz con Dios, derriba la enemistad y reconcilia "todas las cosas" en el plan del Padre (Romanos 5:1,6–10; Colosenses 1:19–22). No solo perdona; adopta: quienes reciben su nombre reciben el Espíritu que clama "Abba, Padre", señal de que la comunión perdida en el jardín vuelve a ser experiencia real y no mera aspiración (Romanos 8:15–16; Gálatas 4:6–7). Y no solo abre la puerta; sostiene el camino: intercede, guarda, acompaña en la debilidad y capacita para vivir de acuerdo con la voluntad divina (Hebreos 7:24–25; 4:16; Romanos 8:26–27).

Este Sumo Sacerdote cumple, además, la figura anunciada de un sacerdocio distinto, no sujeto a la fragilidad de los años, sino fundamentado en vida indestructible, de manera que su mediación no caduca ni se interrumpe (Hebreos 7:15–17,23–25). Por eso su sacrificio no necesita repetición: alcanzó lo que los otros simbolizaban; aseguró lo que los otros apenas prefiguraban (Hebreos 10:1–4,12–14). En términos bíblicos, el acta que nos era contraria fue anulada, y el camino de acceso quedó libre para quienes se acercan con fe (Colosenses 2:13–14; Hebreos 10:19–22).

Todo ese conjunto —mediación perfecta, sacrificio eficaz, pacto nuevo, acceso abierto— responde punto por punto a lo que los profetas habían anunciado: limpieza de verdad, corazón renovado, Espíritu dentro, justicia perdurable, restauración del culto en integridad (Ezequiel 36:25–27; Daniel 9:24; Malaquías 3:3). El discípulo, al estudiar la Palabra, reconoce la continuidad: lo que el antiguo pacto prometía como horizonte, el Hijo lo realizó en el tiempo señalado. Así entiende por qué la comunión ya no depende de un esfuerzo humano por trepar hacia lo alto, sino del descenso de la gracia que vino a buscarnos, abrirnos y sostenernos en la presencia del Padre (Juan 1:16–17; Efesios 2:18).

De ese modo, la enseñanza bíblica mantiene unido lo que nunca debe separarse: el Dios santo que no negocia con el pecado y el Dios misericordioso que provee el medio para quitarlo; la justicia que exige y la gracia que cumple; la verdad que desenmascara y el amor que restaura. En el Verbo hecho carne, ambas líneas convergen y habilitan la vida para la que fuimos creados: comunión viva con Dios, ahora posible, ahora abierta, ahora sostenida por Aquel que nos amó y se entregó por nosotros (Gálatas 2:20; 1 Timoteo 2:5; 1 Pedro 3:18).

La Palabra ya no es para él un libro abierto, sino una puerta que se queda entreabierta todo el día. Cuando la lee, algo dentro se ablanda: siente el peso de su vieja culpa, pero al mismo tiempo el abrazo de una misericordia que no suelta. A veces las frases parecen simples, y sin embargo lo atraviesan; lo toman del lugar donde se esconde y lo llevan, casi de la mano, a ese sitio donde el corazón dice: "Señor, aquí estoy… otra vez". Allí brotan lágrimas que no humillan, sino que limpian. No son de vergüenza, son de alivio. Porque en esa voz que corrige también escucha el eco de una promesa: todavía hay camino, todavía hay mesa servida, todavía hay lugar para él junto al Padre (Hebreos 4:16; Lucas 15).

Y en ese ir y venir a la Palabra, la comunión deja de ser un acto aislado y se vuelve compañía. El discípulo aprende a caminar con Dios en lo pequeño: en el silencio antes de hablar, en la pausa antes de decidir, en la gratitud que interrumpe el afán. Habitar la Escritura es, para él, sentarse a la mesa del Señor: escucha, responde, confiesa lo que pesa y recibe consuelo; entrega lo que no puede cargar y toma el yugo ligero del Maestro (Mateo 11:28–30). Se descubre amado, no por lo que logra, sino porque el Padre quiso acercarse; y entiende que el

Espíritu mismo da testimonio en su interior de que pertenece a la familia de Dios (Romanos 8:15–16).

Así, la comunión se hace cotidiana: una morada compartida. La Palabra le recuerda que el Señor promete habitar donde se le abre espacio, que el amor se expresa guardando lo que Él mandó y que esa obediencia no lo aleja, lo acerca (Juan 14:23; 15:4–5). Cuando tropieza, no huye; vuelve pronto, se lava en la gracia y retoma el camino con el corazón limpio (1 Juan 1:7,9). En días de ruido, guarda un rincón para la voz suave que ordena los pensamientos; en días de carga, trae sus peticiones y conoce esa paz que custodia por dentro cuando todo afuera tiembla (Filipenses 4:6–7). Y en la adoración sencilla —un himno, un salmo, un susurro— siente otra vez que no está solo: Dios se complace en estar con los suyos (Salmo 22:3; 100:4).

Con el tiempo, la Escritura va afinando su oído: ya no confunde la voz de la ansiedad con la del Espíritu, ni llama "normal" a lo que lo enfría por dentro. Empieza a reconocer al Dios que lo busca temprano, que lo espera en la noche, que le recuerda quién es y para qué fue llamado (Salmo 63; Isaías 43:1). Y esa certeza le quiebra la dureza: le devuelve el asombro. No solo entiende verdades; las saborea. No solo aprende mandamientos; descubre que obedecer es volver a casa. El temor a fallar se transforma en respeto santo; la vergüenza de ayer se transforma en gratitud; la distancia, en deseo. Entonces, la comunión deja de ser un evento y se vuelve respiración.

Cuando el discípulo se levanta del lugar de la Palabra, no siente que termina su devoción: siente que comienza el día de Dios en él. Sale distinto: más humilde para pedir perdón, más valiente para pedir ayuda, más tierno para cargar con las debilidades de otros, más firme para decir "no" donde antes cedía (Gálatas 6:2; Tito 2:11–12). Y mientras camina, se sorprende a ratos con un nudo en la garganta: piensa en la pared que cayó, en la sangre que lo limpió, en el nombre nuevo que recibió, y en la esperanza que ya no se apaga. Eso lo sostiene cuando nadie lo ve. Eso lo trae de vuelta cuando tropieza. Eso lo hace cantar bajito, aún en días grises. Porque sabe —lo sabe— que el Dios que habló sigue hablando, y que su Palabra no solo lo instruye: lo toma, lo levanta y lo guarda para el día en que vea al Señor cara a cara y pueda completar esa comunión tan anhelada (1 Pedro 1:8–9; 1 Tesalonicenses 5:23–24).

Conclusión

A lo largo de estas páginas, el discípulo ha ido descubriendo que la Palabra no es un anexo a su fe, sino el lugar donde Dios rehace su interior. Primero, en la mente: allí donde antes mandaban hábitos, impulsos y viejas lógicas, la Escritura ha ido instalando un modo nuevo de pensar. Ya no se amolda sin más a lo que ofrece el siglo; aprende a examinar, a distinguir, a aceptar lo que agrada al Señor y a rechazar lo que lo aparta. Esa renovación no fue instantánea, pero sí real: pensamiento tras pensamiento, el corazón empezó a rendirse a la mente de Cristo (Romanos 12:1–2; 1 Corintios 2:16).

De esa renovación brotó el discernimiento. La Palabra afinó los "oídos" del alma para reconocer la voz del Pastor en medio del ruido; así, el discípulo dejó de vivir a merced de doctrinas cambiantes o entusiasmos de temporada y comenzó a probarlo todo, reteniendo lo bueno, corrigiendo con mansedumbre cuando hizo falta y resistiendo con firmeza lo que no venía de Dios. Ese ejercicio, sostenido en la obediencia, lo guardó de tropiezos y lo hizo útil para restaurar a otros (Hebreos 5:14; 1 Tesalonicenses 5:21; Gálatas 6:1).

Con el tiempo, la transformación se volvió visible como fruto. No se trató solo de emociones nobles, sino de decisiones constantes que moldearon carácter: verdad en los labios, paz en el conflicto, paciencia en la espera, bondad en el trato, fidelidad en los compromisos, dominio propio cuando arrecia la tentación. Y cuando el Padre "limpió" aquello que estorbaba, el discípulo entendió que no era pérdida, sino preparación para que brotara todavía más vida. Servir dejó de ser una carga y se volvió alegría; trabajar para el Señor dejó de ser esporádico y se volvió abundante, sabiendo que nada es en vano cuando se hace en Él (Juan 15:2–3; Gálatas 5:22–23; 1 Corintios 15:58).

La Palabra también lo enseñó a pensarse como cuerpo. Ya no camina solo: pertenece a un pueblo edificado sobre fundamento seguro, unido por una misma fe y un mismo Señor. Allí aprendió a recibir y a dar, a exhortar y a ser exhortado, a celebrar los dones ajenos y a sufrir con los que sufren, buscando siempre la edificación común. La unidad dejó de ser un lema y se volvió práctica: hablar verdad en amor, guardar la doctrina apostólica, huir de divisiones y sumar fuerzas para que Cristo sea visible en la vida conjunta (Efesios 4:1–16; Hechos 2:42).

Y, sobre todo, la Palabra lo condujo de regreso a la comunión. Lo que el pecado había fracturado, Dios lo reconstruyó abriendo un camino de cercanía: ya no vive "de lejos", sino delante del Padre con confianza. La Escritura se volvió mesa cotidiana donde confiesa, escucha, responde y obedece; donde el Espíritu recuerda quién es, a quién pertenece y para qué fue llamado. Allí se aprende a caminar acompañado: en la madrugada y en la noche, en la risa y en el nudo en la garganta, en el trabajo y en el reposo. La comunión dejó de ser un momento y se volvió respiración (Hebreos 4:16; Juan 14:23).

Para que esta transformación sea real, la Palabra debe ser estudiada y vivida cada día. No bastan momentos aislados ni emociones de ocasión: el discípulo se asienta en hábitos concretos—leer con atención, meditar, orar con la Escritura abierta, obedecer lo que entiende y volver una y otra vez para perseverar. Ahí se forja la constancia: "día y noche" como ritmo del corazón, la memoria que guarda el consejo divino y la práctica que lo lleva a la vida (Josué 1:8; Salmo 1:2; Santiago 1:22–25). En comunidad, además, la Palabra se canta, se enseña y se exhorta, de modo que la fe se fortalece y el carácter se pule (Colosenses 3:16). Paso a paso, esa disciplina amorosa guarda el rumbo, limpia las intenciones y sostiene el ánimo en pruebas y cansancios, porque el Dios que habla sigue guiando por medio de lo que ha dicho (Salmo 119:105; 2 Timoteo 3:16–17).

La Palabra no solo orienta lo que debe cambiar; fortalece por dentro para poder cambiar. El discípulo aprende que no avanza a fuerza de carácter, sino sostenido por la gracia que obra "el querer y el hacer" conforme al beneplácito de Dios (Filipenses 2:13). Por medio de la Escritura, el Señor renueva al interior aun cuando lo exterior se desgaste (2 Corintios 4:16), equipa para toda buena obra (2 Timoteo 3:16–17) y arma el corazón para resistir la tentación, guardando la verdad en lo íntimo (Mateo 4:1–11; Salmo 119:11). En los días largos, la Palabra alimenta la perseverancia y sostiene la esperanza (Romanos 15:4; Hebreos 12:1–3); en la confusión, vuelve sabio al sencillo (Salmo 19:7; Santiago 1:5). Y mientras el discípulo se expone a ella, el Espíritu lo fortalece "en el hombre interior" para caminar y producir fruto (Efesios 3:16; Gálatas 5:16, 22–23). Así, lo que se aprende se puede vivir: no por impulso pasajero, sino por una fuerza diaria que Dios mismo provee.

Si algo queda claro al cerrar este recorrido, es que el discipulado verdadero no se sostiene en voluntariado, sino en gracia recibida y practicada. La Palabra alimenta, corrige, anima y envía; el Espíritu ilumina y fortalece; el Padre mira y no olvida lo hecho para su nombre. Así, el discípulo sigue avanzando: mente renovada, discernimiento despierto, fruto creciente, vida en cuerpo, comunión viva. No ha llegado:

camina. Pero ya sabe el rumbo, ya aprendió la voz, ya probó la fidelidad del Señor. Y con esa certeza, continúa: con la Escritura abierta, el corazón rendido y los ojos puestos en lo eterno, hasta el día en que la esperanza se vuelva vista y la comunión sea plena en la presencia de Cristo (Colosenses 3:1–4; 1 Tesalonicenses 5:23–24).

Que la última página no cierre una emoción pasajera, sino un pacto cotidiano. La Escritura no está para ser admirada de lejos, sino para ser recibida, creída y practicada hasta que forme convicciones nuevas y una obediencia concreta (2 Timoteo 3:16–17; Santiago 1:22–25). Por eso el discípulo vuelve a ella cada día: no como quien acumula datos, sino como quien busca dirección, corrección y fuerza para el paso que sigue (Josué 1:8; Salmo 1:2–3). Allí descubre, una y otra vez, que Dios no solo habla: guía, sostiene y endereza.

Este camino no se explica por entusiasmo humano. La fe madura cuando la mente se reeduca en la verdad de Dios, y el carácter se afirma cuando la voluntad se somete a lo que Él ha dicho (Romanos 12:2). Permanecer en la enseñanza de Jesús no es un eslogan: es la forma de experimentar la libertad que Él ofrece y de caminar en la realidad del Reino aquí y ahora (Juan 8:31–32). Lejos del sentimentalismo vacío, los afectos se enraízan en promesas y mandatos que resisten el desgaste de los días.

De esa raíz brota una vida fecunda. La permanencia en Cristo produce fruto visible—no para lucirse, sino para glorificar al Padre—, y el Padre mismo limpia lo que ya florece para que crezca aún más (Juan 15:2, 5, 8). Nada de lo hecho en su nombre cae en saco roto; lo que se siembra en fidelidad se registra en el cielo (Gálatas 6:9; Hebreos 6:10). Por eso el trabajo no es intermitente ni caprichoso: es estable, abundante y perseverante (1 Corintios 15:58).

La Palabra, alojada en el corazón, reordena la vida entera. Da lenguaje a la gratitud, frena el orgullo, templa la respuesta, abre espacio a la compasión y afila el discernimiento (Colosenses 3:16; Hebreos 5:14). En comunidad, ese mismo texto compartido sirve para alentarse, corregirse y empujarse mutuamente al amor y a las buenas obras (Hebreos 10:24–25). Así la iglesia deja de ser audiencia y se vuelve cuerpo vivo, donde cada miembro aporta y todos crecen.

Nada de esto sucede sin gracia. El Dios que encendió la chispa de la fe es quien opera por dentro "el querer y el hacer", de modo que la obediencia no se vuelva un peso, sino una respuesta agradecida (Filipenses 2:13). Cuando hay caídas, la Palabra no empuja a la huida: invita a volver a la luz, a confesar, a ser limpiados y a retomar el paso con humildad y firmeza (1 Juan 1:7–9). La santidad, entonces, deja de ser un ideal lejano para convertirse en un trayecto diario sostenido por promesas fieles (1 Tesalonicenses 5:23–24).

Si algo queda grabado, que sea esto: para esta transformación, la Palabra debe ser estudiada y vivida diariamente. No hay atajos. El discípulo que abre la Biblia con hambre y se levanta a obedecer encuentra el equilibrio entre pasión y sobriedad: afectos encendidos, pies en la roca. Aprende a mirar arriba sin ausentarse de sus responsabilidades aquí (Colosenses 3:1–4) y a trabajar como para el Señor, confiado en la herencia que Él otorgará (Colosenses 3:23–24).

Con esa certeza, la marcha continúa. Los ojos se fijan en Jesús, iniciador y consumador de la fe; la mano no suelta la Escritura; el corazón se mantiene blando para la corrección y firme para el bien (Hebreos 12:2; Salmo 119:105). Y mientras tanto, una convicción sostiene cada jornada: Aquel que comenzó la obra la perfeccionará hasta el día de Cristo (Filipenses 1:6). Que su Palabra nos siga moldeando para no ser solo simpatizantes del Evangelio, sino verdaderos discípulos transformados: sobrios en el pensar, limpios en el vivir, generosos en el servir y constantes en la esperanza, hasta que la fe se vuelva vista y la comunión sea plena en su presencia.

Invitación

Si al leer estas páginas tu corazón ha sido movido a buscar más de Dios, no lo hagas solo. Te animo a reunirte con la **Iglesia de Cristo** en tu ciudad o en algún lugar cercano a tu hogar.

Allí encontrarás enseñanza bíblica, comunión fraternal y la oportunidad de crecer como verdadero discípulo del Señor. Pregunta, acércate y haz el esfuerzo de congregarte: la vida cristiana es más plena cuando caminamos juntos en la fe.